EXPOSITION UNIVERSELLE

DE LA NOUVELLE-ORLÉANS

(ÉTATS-UNIS D'AMÉRIQUE)

1884-1885

EXPOSITION COLLECTIVE

DU

CERCLE DE LA LIBRAIRIE DE PARIS

PARIS

PUBLICATION DU CERCLE DE LA LIBRAIRIE

117, BOULEVARD SAINT-GERMAIN, 117

1885

CERCLE DE LA LIBRAIRIE

DE L'IMPRIMERIE, DE LA PAPETERIE

DU COMMERCE DE LA MUSIQUE ET DES ESTAMPES

A PARIS

IMPRIMERIE PILLET ET DUMOULIN
RUE DES GRANDS-AUGUSTINS, 5, A PARIS.

EXPOSITION UNIVERSELLE

DE LA NOUVELLE-ORLÉANS

(ÉTATS-UNIS D'AMÉRIQUE)

1884-1885

EXPOSITION COLLECTIVE

DU

CERCLE DE LA LIBRAIRIE DE PARIS

PARIS

PUBLICATION DU CERCLE DE LA LIBRAIRIE

117, BOULEVARD SAINT-GERMAIN, 117

1885

PROGRAMME

DE

L'EXPOSITION UNIVERSELLE

DE LA NOUVELLE-ORLÉANS

(EXTRAIT)

GROUPE VIII

ÉDUCATION ET INSTRUCTION

Classe 801. — ÉDUCATION DES ENFANTS. — ENSEIGNEMENT PRIMAIRE DES ADULTES. — Plans et modèles d'écoles pour les enfants, d'orphelinats, de crèches; système, direction et mobilier de ces établissements; matériel d'enseignement approprié au développement physique, moral et intellectuel de l'enfant jusqu'à son entrée à l'école.

Plans et modèles d'établissements scolaires pour la ville et la campagne ; système de direction et mobilier de ces établissements, livres, cartes, appareils et modèles.

Plans et modèles d'établissements scolaires pour les adultes et instruction professionnelle ; système de direction et mobilier de ces établissements; matériel pour adultes et instruction professionnelle.

Matériel de l'enseignement élémentaire de la musique, du chant, des langues étrangères, de la comptabilité, de l'économie politique, de l'agriculture pratique et de l'horticulture, de la technologie et du dessin.

Matériel propre à l'enseignement des aveugles et à celui des sourds-muets.

Spécimens du travail des enfants des deux sexes.

Bibliothèques et volumes.

Classe 802. — ORGANISATION ET MATÉRIEL DE L'ENSEIGNEMENT SECONDAIRE. — Plans et modèles d'établissements d'enseignement secondaire; lycées, écoles de grammaire, collèges, écoles industrielles et commerciales; agencement et mobilier de ces établissements.

Collections de livres classiques, cartes et globes.

Matériel pour l'instruction technologique et scientifique et pour l'enseignement des beaux-arts, dessin, musique et chant.

Appareils et méthodes de la gymnastique, de l'escrime et des exercices militaires.

Appareils et méthodes de la télégraphie, de la phonographie et de la sténographie.

Classe 803. — ORGANISATION, MÉTHODES ET MATÉRIEL DE L'ENSEIGNEMENT SUPÉRIEUR. — Plans et modèles d'académies, d'universités, d'écoles de médecine, d'écoles d'apprentissage, techniques et mécaniques, d'écoles d'agriculture, d'observatoires, de musées scientifiques, d'amphithéâtres, de salles de conférence, de laboratoires pour l'instruction et les recherches.

Mobilier et agencement de ces établissements.

Appareils, collections et matériel destinés à l'instruction supérieure et aux recherches scientifiques.

Exhibitions spéciales des institutions et des sociétés savantes, techniques, agricoles, mécaniques, commerciales et industrielles et des explorations scientifiques.

CONSEIL D'ADMINISTRATION

DU CERCLE DE LA LIBRAIRIE DE PARIS

Président :

M. Plon (Eugène), ✻, imprimeur-libraire.

Vice-présidents :

MM. Magimel, ✻, libraire-éditeur.
Ducrocq, libraire-éditeur.

Secrétaire :

M. Delalain (Paul), I. ❁, imprimeur-libraire.

Trésorier :

M. Bouasse-Lebel, A. ❁, imprimeur-éditeur d'estampes.

Membres :

MM. Barthélemy, négociant en papiers.
Belin (Henri), A. ❁, imprimeur-libraire.
Engel fils, relieur.
Gratiot, A. ❁, négociant en papiers.
Hussenot-Lorilleux, fabricant d'encres d'imprimerie.

MM. Lecrosnier, libraire-éditeur.
Leduc, ✻, éditeur de musique.
Le Vasseur, libraire-éditeur.
Noblet (Georges), imprimeur-éditeur.
Ollendorff (Paul), libraire-éditeur.

Conseiller honoraire :

Baillière (J.-B.), ✻, libraire-éditeur.

COMITÉ D'ORGANISATION

DE L'EXPOSITION COLLECTIVE DU CERCLE DE LA LIBRAIRIE

M. Plon (Eugène), ✻, président du conseil d'administration du Cercle, *président.*
M. Delalain (Paul), I. ✪, secrétaire du conseil d'administration du Cercle, *secrétaire.*
M. Belin (Henri), A. ✪, *membre.*
M. Colin (Armand), A. ✪, *membre.*
M. Fouret (René), ✻, *membre.*
M. Hetzel fils, ✻, *membre.*

LISTE

DES

MEMBRES DU CERCLE DE LA LIBRAIRIE

AYANT ADHÉRÉ A L'EXPOSITION COLLECTIVE

MM. FÉLIX ALCAN.
J.-B. BAILLIÈRE ET FILS.
L. BASCHET.
Ve EUGÈNE BELIN ET FILS.
BOUASSE-LEBEL.
CHARAVAY FRÈRES.
CLAESEN.
A. COLIN ET Cie.
A. DELAHAYE ET E. LECROSNIER.
DELALAIN FRÈRES.
DES FOSSEZ ET Cie.
DUCHER ET Cie.
PAUL DUCROCQ.
D. DUMOULIN ET Cie.
PAUL DUPONT.
FIRMIN-DIDOT ET Cie.
GAUTHIER-VILLARS.
HACHETTE ET Cie.

MM. Hennuyer.
J. Hetzel et Cie.
Jouvet et Cie.
Librairie des Bibliophiles.
Alfred Mame et fils.
Alfred Mame et fils et Poussielgue frères.
Georges Masson.
Victor Palmé.
Émile Perrin.
Picard-Bernheim et Cie.
E. Plon, Nourrit et Cie.
Poussielgue frères.
Quantin.
Roret.
Victor Sarlit et Cie.
Suzanne.

CATALOGUE

DES

PUBLICATIONS EXPOSÉES

PREMIÈRE PARTIE

CLASSIFICATION

PAR ORDRE DE MATIÈRES

I. — ÉCRITURE, LECTURE, LEÇONS DE CHOSES

	fr.	c.
Alphabet illustré, petit in-12. — *Mame*.	»	65
Bonnier. Leçons de choses, in-12 — *Dupont*.	2	25
Bonnier. Livrets-leçons de choses (n°s 1 à 7). — *Dupont* le livret.	»	25
Bonnier. Vingt leçons de choses, in-12. — *Dupont*. . .	1	25
Bouant. Éléments usuels des sciences physiques et naturelles, cours élémentaire, in-12. — *Delalain*.. . .	1	»
Bouant. Éléments usuels des sciences physiques et naturelles, cours moyen, in-12. — *Delalain*.	1	25
Bouant. Éléments usuels des sciences physiques et naturelles, cours supérieur, in-12. — *Delalain*.	1	25
Bouant. Leçons de choses, in-12. — *Delalain*	2	»
Bruno (G.). Livre de lecture et d'instruction pour l'adolescent, in-18. — *Belin*	»	60
Bruno (G.). Premier livre de lecture et d'instruction pour l'enfant, in-18. — *Belin*.	»	60
Bruno (G.). Francinet, partie du maître, in-12. — *Belin*.	2	50
Bruno (G). Le tour de la France par deux enfants, in-12. — *Belin*.	1	30
Buron. Corbeille poétique du jeune âge, in-18. — *Sarlit*.	1	»
Buron. Fables, poésies et morceaux choisis en prose, pour les enfants des cours élémentaires, in-18. — *Sarlit*	»	25
Caron. Premières lectures du jeune âge, in-18. — *Sarlit*	»	60

	fr. c.
Champeau (le R. P.). Choix de dialogues en prose et en vers à l'usage des enfants, in-18.— *Sarlit*.	1 10
Champeau (le R. P.). Fables et morceaux divers, in-18. *Sarlit*.	1 »
Champeau (le R. P.). Fabliaux, allégories et petits contes à l'usage des enfants, in-12. — *Sarlit*.	1 60
Charavay (Etienne). L'héroïsme civil (1789-1880), in-16. *Charavay*	1 »
Charavay (Etienne). L'héroïsme militaire (1792-1815), in-16. — *Charavay*	1 »
Charavay (Etienne). L'héroïsme professionnel (1789-1882), in-16. — *Charavay*.	» 80
Choix de fables de La Fontaine, Florian et autres auteurs par M. Defodon, in-16. — *Hachette*	» 60
Choix gradué de cinquante fables, in-16. — *Ducrocq*. .	» 50
Cinquante fables pour les petits enfants, in-16. — *Ducrocq*.	1 »
Clayton (A.). Amour sacré de la patrie, in-18. — *Picard-Bernheim*	1 10
Colin. Lectures choisies, in-12. — *Alcan*.	1 50
Cuissart (E.). Méthode de lecture en cinq tableaux, grand aigle, collés sur toile, vernis, montés sur gorge et rouleaux. — *Picard-Bernheim*.	15 »
Cuissart (E.). Premier livret de lecture, in-16. — *Picard-Bernheim*	» 30
Cuissart (E.). Deuxième livret de lecture, in-16. — *Picard-Bernheim*	» 50
Cuissart (E.). Premier degré de lectures courantes, in-18. — *Picard-Bernheim*.	» 60
Cuissart (E.). Deuxième degré de lectures courantes, in-12. — *Picard-Bernheim*.	» 90
Delapierre et A. P. de Lamarche. Exercices de mémoire, cours élémentaire, in-16. — *Picard-Bernheim*.	» 30
Dupont (H. A.). La citolégie à l'usage des mères de famille, in-4. — *Ducrocq*	3 »
Dupont (H. A.). La citolégie ou l'art d'apprendre promptement à lire, édition illustrée, in-16. — *Ducrocq*. .	» 50

	fr.	c.
Dupont (H. A.). Leçons de choses, récits enfantins, cours élémentaire (garçons), in-18. — *Ducrocq*. . . .	1	»
Dupont (H. A.). Leçons de choses, récits enfantins, cours élémentaire (filles), in-18. — *Ducrocq*.	1	»
Dupont (H. A.). Leçons de choses, récits enfantins, cours moyen (filles), in-18. — *Ducrocq*.	1	»
Dupont (H. A.). Leçons de choses, récits enfantins, cours moyen (garçons), in-18. — *Ducrocq*.	1	»
Dupont (H. A.). Lectures graduées, conversations et historiettes, 1re partie, in-18. — *Ducrocq*	»	60
Dupont (H. A.). Lectures graduées, 2e partie, in-18. *Ducrocq*	»	60
Dupont (H. A.). Lectures graduées, 3e partie, in-18. *Ducrocq*.	»	60
Dupont (H. A.). Lectures graduées, 4e partie, in-18 *Ducrocq*	»	60
Dupont (H. A.). Le premier livre de lecture, in-16. *Ducrocq*.	1	»
Dupont (H. A.). Premier livre de lecture courante ou l'histoire sainte, in-18. — *Ducrocq*.	»	70
Dupont (H. A.). Récits sur les premières connaissances usuelles, in-12. — *Ducrocq*.	1	25
Flajat (Max.). Nouvelles lectures scientifiques ou leçons de choses (les sciences physiques et naturelles à l'école primaire), cours élémentaire, in-16. — *Jouvet*.	1	50
Fresse-Montval. Manuel de lecture, in-18. — *Sarlit* .	»	50
Geofroy (Lérida). Le jeune âge illustré, in-4. — *Palmé*.	15	»
Guyau. Année enfantine de lecture, in-12.	»	60
Guyau. Année préparatoire de lecture, in-12. — *Colin*.	1	»
Guyau. Première année de lecture courante, in-12. — *Colin*	1	50
Guyau. Première année de lecture courante, partie du maître, in-12. — *Colin*	2	50
Hanriot (E.). Vive la France, in-18. — *Picard-Bernheim*	1	25

fr. c.

Instituteurs de l'académie de Clermont. Le plateau central, in-12. — *Colin.* 1 50

Jannettaz. Morceaux choisis, in-12. — *Dupont.* 1 50

Jost, Humbert et Braeunig. Lectures pratiques. 2 vol. in-16. — *Hachette* :

Cours élémentaire, 1 vol . . . . » 90

Cours moyen et supérieur, 1 vol. 1 50

Lamarche (A.-P. de). Méthode nationale d'écriture en 10 cahiers. — *Picard-Bernheim.* Le cent 4 50

Lavalette. Les enfants modèles, in-12. — *Picard-Bernheim* 1 50

Lavalette. Les premières connaissances de l'âge d'or, in-18. — *Picard-Bernheim.* . . . . » 60

Lavalette. Les deuxièmes connaissances de l'âge d'or, in-12. — *Picard-Bernheim.* . . . . » 70

Lectures courantes, cours élémentaire, in-12. — *Mame et Poussielgue* . . . . » 60

Lectures courantes, cours moyen, in-12. — *Mame et Poussielgue* 1 50

Lectures instructives et amusantes, in-12. — *Mame et Poussielgue* . . . . » 60

Legout. Premières connaissances, in-18. — *Sarlit.* . . 1 25

Legouvé (Ernest). L'art de la lecture, in-18. — *Hetzel.* 3 »

Lorrain (A.). Récits patriotiques, in-16. — *Hachette* . 1 50

Maigne. Histoire de l'industrie, in-12. — *Belin.* . . . 3 60

Maigne. Nouvelles leçons de choses, partie du maître, in-12. — *Belin.* 2 50

Maigne (W.). Petite encyclopédie, premières notions de sciences usuelles, in-12. — *Sarlit* . . . . 2 »

Manoury. Méthode d'écriture, 12 cahiers gradués, in-4. *Hachette* :

Cahiers nos 1 à 10 (cursive), chaque cahier. . . . » 09

Cahier no 11 (ronde) et no 12 (bâtarde et gothique) chaque cahier. . . . . » 11

Maréchal. Biographies des hommes illustres des temps anciens et modernes, in-12. — *Delalain* 1 75

	fr.	c.
Matrat (Mlle). Education maternelle, 1er degré, in-12. *Dupont*	»	50
Matrat (Mlle). Education maternelle, 2e degré, in-12. *Dupont*	»	60
Matrat (Mlle). Le tour de l'année, in-12. — *Dupont*	»	80
Mazure. Lectures sur les découvertes dans l'industrie et dans les arts, in-12. — *Sarlit*	1	»
Naudet. Poésies de la jeunesse, in-12. — *Dupont*	1	50
Néel. Premier livret de lecture, in-16. — *Colin*	»	30
Néel. Deuxième livret de lecture, in-16. — *Colin*	»	50
Néel. Troisième livret de lecture, in-16. — *Colin*	»	60
Néel. Tableaux muraux, petit format, montés. — *Colin*	10	»
Néel. Tableaux muraux, grand format, montés. — *Colin*	25	»
Pape-Carpantier (Mme). Nouvelles histoires et leçons de choses pour les enfants, in-16. — *Hachette*	2	25
Peigné. Méthode de lecture, in-12. — *Sarlit*	»	30
Peigné. Tableaux de lecture : 46 tableaux sur demi-feuille raisin. — *Sarlit*	1	25
Pinet et Naudet. Lectures manuscrites, in-12. — *Dupont*	»	80
Premier livre de lecture, in-18. — *Mame et Poussielgue*	»	35
Reverdy. Méthode d'écriture en 10 cahiers. — *Picard-Bernheim*. Le cent	9	»
Rocherolles. Premières lectures enfantines, in-12. — *Colin*	»	65
Rocherolles. Premières lectures, partie du maître, in-12. — *Colin*	1	40
Rocherolles. Secondes lectures enfantines, in-12. — *Colin*	»	75
Rocherolles. Troisièmes lectures enfantines, in-12. — *Colin*	»	90
Syllabaire, in-18. — *Mame et Poussielgue*	»	20
Taiclet. Citographie cursive, collection de huit cahiers. *Dupont*	3	60
Taiclet. Collection de dix cahiers d'écriture. — *Dupont*	»	90

	fr. c.
Théry. Simples lectures pour les écoles, in-12. — *Dupont*	1 50
Traité nouveau des devoirs des chrétiens, in-12. — *Mame et Poussielgue*	1 10
Turgan. Lectures littéraires en prose et en vers, 2 vol. in-12. — *Sarlit* :	
Cours élémentaire, cent lectures littéraires en prose et en vers, in-12	» 75
Cours moyen, cent cinquante lectures littéraires en prose et en vers, in-12	1 25
Viaud. Manuscrit scolaire (élève), in-8. — *Colin*	1 30
Vie de Notre-Seigneur Jésus-Christ, in-18. — *Mame et Poussielgue*	» 75
Villemereux. Premier livre de lecture, in-18. — *Dupont*.	» 25
Villemereux. Tableaux de lecture, sur 29 cartons. — *Dupont*	12 »
Wirth (Mlle E.). La future ménagère, in-16. — *Hachette*.	1 80

II. — ÉTUDE DE LA LANGUE FRANÇAISE

Abrégé du dictionnaire de l'Académie française, gr. in-8. *Didot*	13 »
Analyse grammaticale et logique, livre de l'élève, in-12. *Mame et Poussielgue*	» 35
La même, livre du maître, in-12. — *Mame et Poussielgue*	1 10
Bénard (Th.). Dictionnaire classique universel, illustré, in-12. — *Belin*	3 »
Brachet et Dussouchet. Cours de grammaire française, 6 vol. in-16. — *Hachette* :	
Cours élémentaire. Livre de l'élève, 1 vol.	» 60
— Livre du maître, 1 vol.	» 90
Cours moyen. Livre de l'élève, 1 vol.	1 25
— Livre du maître, 1 vol.	1 50

	fr. c.
Cours supérieur. Livre de l'élève, 1 vol.	1 50
— Livre du maître, 1 vol	2 »
Caron. Cours de style : premiers exercices sur la propriété de l'expression et la construction de la phrase, 2 vol. in-12. — *Sarlit* :	
Livre de l'élève, in-12.	1 25
Le même, corrigés pour le maître, in-12	1 80
Caron. Cours de style : seconds exercices sur la valeur des termes et locutions et sur les principaux genres de composition française, 2 vol. in-12. — *Sarlit* :	
Livre de l'élève, in-12	1 50
Le même, corrigés pour le maître, in-12	2 50
Carré et Moy. La première année de rédaction, in-12. *Colin*	» 90
Carré et Moy. La première année de rédaction, partie du maître, in-12. — *Colin*	2 50
Chassang (A.) et **Marcou** (L.). Chefs-d'œuvre épiques de tous les peuples, in-16. — *Jouvet*	3 50
Desormes (Louis). Le style épistolaire enseigné par la pratique, in-8. — *Sarlit*.	1 25
Dictionnaire français (petit), in-12. — *Mame et Poussielgue*	» 75
Drohojowska (Mme la comtesse). Du bon langage et des locutions à éviter, in-12. — *Sarlit*	1 50
Exercices orthographiques, cours de première année, livre de l'élève, in-12. — *Mame et Poussielgue*	1 15
Les mêmes, livre du maître, in-12.	2 25
Exercices orthographiques, cours de deuxième et de troisième années, livre de l'élève, in-12. — *Mame et Poussielgue*	1 15
Les mêmes, livre du maître, in-12.	2 50
Garnier-Gentilhomme. Grammaire, cours élémentaire, in-12. — *Dupont*.	» 75
Georgin. Leçons élémentaires de rédaction, in-18. — *Dupont*	» 60
Grammaire française, in-12. — *Mame et Poussielgue* . .	» 90

	fr. c.
Gramont (comte F. de). Les vers français et leur prosodie, in-18. — *Hetzel*.	3 »
Guizot. Dictionnaire universel des synonymes de la langue française, in-8. — *Perrin*	15 »
Lafargue. Langue française, classe de huitième, in-12. *Dupont*	1 25
Lafargue. Langue française, classes de septième et de sixième, in-12. — *Dupont*.	1 50
Lafargue et Pichon. Langue française, classe préparatoire, in-12. — *Dupont*	1 »
Larive et Fleury. Année préparatoire de grammaire, in-12. — *Colin*.	» 60
Larive et Fleury. Année préparatoire de grammaire, partie du maître, in-12. — *Colin*.	1 25
Larive et Fleury. Première année de grammaire, in-12. *Colin*	» 75
Larive et Fleury. Première année de grammaire, partie du maître, in-12. — *Colin*.	1 60
Larive et Fleury. Deuxième année de grammaire, in-12. — *Colin*.	1 25
Larive et Fleury. Deuxième année de grammaire, partie du maître, in-12. — *Colin*.	2 50
Larive et Fleury. Troisième année de grammaire, in-12. — *Colin*	1 80
Larive et Fleury. Troisième année de grammaire, partie du maître, in-12. — *Colin*.	3 »
Larive et Fleury. Exercices de première année, in-12. *Colin*	» 75
Larive et Fleury. Exercices de première année, partie du maître, in-12. — *Colin*	1 60
Larive et Fleury. Exercices de deuxième année, in-12. *Colin*	1 25
Larive et Fleury. Exercices de deuxième année, partie du maître, in-12. — *Colin*.	2 50
Lebaigue. Livre de l'école, cours élémentaire, in-12. *Belin*	» 80

	fr.	c.
Lebaigue. Livre de l'école, cours moyen, in-12. — *Belin*	1	25
Lebaigue. Livre de l'école, cours supérieur, in-12. — *Belin*	1	50
Leclair. Grammaire française complète, in-12. — *Belin*	1	50
Leclair et Rouzé. Grammaire de l'enfance, in-18. — *Belin*		50
Leclair et Rouzé. Grammaire française, cours élémentaire, in-12. — *Belin*	»	75
Leclair et Rouzé. Grammaire française, cours moyen, in-12. — *Belin*	1	25
Leclair et Rouzé. Grammaire française, cours supérieur, in-12. — *Belin*	1	80
Leclair et Rouzé. Cours pratique de composition et de style, in-12. — *Belin*	1	60
Leclair et Rouzé. Le style en action, in-18. — *Belin*	»	75
Leçons de langue française, cours préparatoire, livre de l'élève, in-12. — *Mame et Poussielgue*	»	85
Les mêmes, livre du maître, in-12	2	25
Leçons de langue française, cours élémentaire, livre de l'élève, in-12. — *Mame et Poussielgue*	1	15
Les mêmes, livre du maître, in-12	2	80
Leçons de langue française, cours moyen, livre de l'élève, in-12. — *Mame et Poussielgue*	2	»
Les mêmes, livre du maître, in-12	6	»
Leçons de langue française, cours supérieur, livre de l'élève, in-12. — *Mame et Poussielgue*	1	60
Les mêmes, livre du maître, in-12	3	40
Legout. Grammaire française, in-18. — *Sarlit*	»	30
Lesieur. Dictionnaire de la langue française, in-32. — *Mame*	2	25
Littré. Histoire de la langue française, études sur les origines, l'étymologie, la grammaire, les dialectes, la versification et les lettres au moyen âge, 2 vol. in-12. *Perrin*	11	»

	fr.	c.
Littré et Beaujean. Abrégé du dictionnaire de la langue française de Littré, grand in-8. — *Hachette.*	14	50
Littré et Beaujean. Petit dictionnaire universel, in-16. *Hachette.*	3	»
Maunoury. Grammaire française, in-12. — *Poussielgue.*	1	»
Maunoury. Exercices gradués sur la grammaire française, in-12. — *Poussielgue*	1	25
Orthographe (cours élémentaire d'), in-12. — *Mame et Poussielgue.*	»	45
Orthographe (cours intermédiaire d'), in-12. — *Mame et Poussielgue*	»	90
Pacaud père. Grammaire française, in-16. — *Mame.*	1	40
Petit de Julleville. Notions générales sur les origines et sur l'histoire de la langue française, avec anciens textes commentés, in-12. — *Delalain.*	2	50
Pontis. Petite grammaire de la prononciation, in-16. *Hetzel.*	1	50
Rinn. Littérature, composition et style, in-12. — *Delalain.*	4	»
Rocherolles (Ed.). Grammaire, cours moyen, in-12.— *Picard-Bernheim*	1	25
Rozan (Ch.). A travers les mots, in-12. — *Ducrocq* . .	5	»
Rozan. Les petites ignorances de la conversation, in-12. — *Ducrocq.*	5	»
Subercaze. Certificat d'études primaires, première année (dictées, etc.), in-12. — *Delalain.*	2	»
Subercaze. — Certificat d'études primaires, deuxième année (dictées, etc.), in-12. — *Delalain.*	2	»
Teston (Adolphe). Devoirs d'orthographe, in-12. — *Sarlit.*	1	25
Teston. Notions d'histoire littéraire, in-12. — *Sarlit.* .	1	80
Villaume (l'abbé). Cours de rhétorique à l'usage des séminaires, des institutions catholiques et du clergé, in-12. — *Sarlit.*	2	75
Vissemans. Méthode pratique de conjugaison française, in-12. — *Dupont.*	»	80

III. — LITTÉRATURE FRANÇAISE

	fr. c.
Ampère (J. J.). Histoire littéraire de la France, avant Charlemagne, sous Charlemagne et durant les xe et xie siècles, 3 vol. in-8. — *Perrin*	31 50
Andrieux. Œuvres choisies, in-8. — *Ducrocq*.	8 50
Arsac (J. d'). Histoire de la littérature française, in-12. *Palmé*.	4 »
Aubertin. Histoire de la langue et de la littérature françaises au moyen âge, 2 vol. in-8. — *Belin*	16 »
Beaumarchais. Le mariage de Figaro, in-32. — *Quantin*	6 »
Bizeul et Boulay. Tableau synoptique d'histoire de la littérature française, in-4. — *Poussielgue*.	4 50
Blanchard et Desroches. Nouveaux éléments de littérature, in-12. — *Sarlit*.	2 25
Boileau. Œuvres, in-16. — *Mame*.	1 40
Boileau. Œuvres choisies, avec notes de J. C., gr. in-18. *Poussielgue*.	1 50
Boileau. Œuvres poétiques, 2 vol. in-16. — *Librairie des bibliophiles*.	6 »
Bonnard Poésies, in-8 écu. — *Quantin*.	10 »
Bossuet. Choix de sermons de la jeunesse de Bossuet, publié par E. Gandar, in-12. — *Perrin*.	6 »
Bossuet. Choix de sermons avec notes, par Gazier, in-12. — *Belin*.	3 »
Bossuet. Discours sur l'histoire universelle, 3 vol. in-32, rel. — *Plon*.	8 »
Bossuet. Oraisons funèbres, in-16. — *Librairie des bibliophiles*.	3 »
Bossuet. Oraisons funèbres, in-16. — *Mame*.	1 40
Bossuet. Oraisons funèbres, in-32, rel. — *Plon*. . . .	6 »
Bossuet. Oraisons funèbres, avec notes de Cahen, in-12. *Dupont*	2 25

	fr.	c.
Caussade (de). Étude des genres littéraires, in-18. *Masson*..	2	50
Chamfort. Œuvres choisies, 2 vol. in-16. — *Librairie des bibliophiles*..	6	»
Chanson de Roland, traduction de Léon Gautier, in-18. *Mame*.	3	50
Chénier (A.). Poésies, in-16. — *Librairie des bibliophiles*.	3	»
Corneille (P.). Chefs-d'œuvre, in-8. — *Ducrocq*	7	50
Corneille. Le Cid, avec notes par Antoine, in-16. — *Hachette*	1	»
Corneille. Le Menteur, avec notes par Lavigne, in-16. *Hachette*	1	»
Corneille. Polyeucte, in-12. — *Palmé*..	1	»
Corneille. Théâtre, 5 vol. in-16. — *Librairie des bibliophiles*.	15	»
Courier (P. L.). Œuvres, 3 vol. in-16. — *Librairie des bibliophiles*	9	»
Croiset, Lallier, Petit de Julleville. Premières leçons d'histoire littéraire, in-18. — *Masson*.	2	»
Demogeot. Textes classiques de la littérature française, 2 vol. in-16. — *Hachette*.	6	»
Descartes. Discours sur la méthode, première méditation, in-12. — *Palmé*.	1	»
Diderot. Morceaux choisis recueillis par M. Tourneux, in-16. — *Charavay*	1	50
Diderot. Œuvres choisies, 6 vol. in-16. — *Librairie des bibliophiles*.	18	»
Fénelon. Aventures de Télémaque, gr. in-18. — *Poussielgue*.	2	»
Fénelon. Aventures de Télémaque, avec notes par S. Bernage, in-12. — *Delalain*.	2	25
Fénelon. Dialogues et fables, in-16. — *Mame*.	1	15
Fénelon. Télémaque, in-16. — *Mame*	1	40
Feugère. Morceaux choisis des prosateurs et poètes français des XVIIIe et XIXe siècles, in-12. — *Delalain*	4	50
Fléchier. Oraisons funèbres, in-32 rel. — *Plon*.	6	»

	fr.	c.
Fleury (J.). Hist. élémentaire de la littérature française, depuis l'origine jusqu'à nos jours, in-18 rel. — *Plon*.	6	»
Gentil-Bernard. Poésies, in-8 écu. — *Quantin*. . . .	10	»
Géruzez. Histoire abrégée de la littérature française, in-12. — *Delalain*	3	»
Géruzez (E.). Histoire de la littérature française, depuis ses origines jusqu'à la Révolution, 2 vol. in-12. *Perrin*.	11	»
Géruzez (E.). Histoire de la littérature française pendant la Révolution (1789-1800), in-12. — *Perrin*. . .	5	50
Gresset. Poésies, in-8. — *Quantin*.	10	»
Guizot. Corneille et son temps, étude littéraire suivie d'un essai sur Chapelain, Rotrou et Scarron, in-12. — *Perrin*.	5	50
Hamilton. Mémoires de Grammont, in-16. — *Librairie des bibliophiles*.	3	»
Henry. Cours critique et historique de littérature, in-12. — *Belin*	3	50
Histoire littéraire de la France, 16 vol. in-4. — *Palmé* .	340	»
Jeanmaire (l'abbé). Cours de littérature à l'usage des classes d'humanités, in-12. — *Sarlit*	2	50
J. M. J. A. Histoire de la littérature française, in-12. — *Poussielgue*	4	»
Labbé. Morceaux choisis des classiques français, 3 vol. in-16. — *Hachette* :		
Cours élémentaire, 1 vol.	1	»
Cours moyen, 1 vol.	1	50
Cours supérieur, 1 vol.	2	50
La Bruyère. Les caractères, avec notes par Labbé, in-12. — *Belin*.	2	50
La Bruyère. Les caractères, avec notes par d'Hugues, 2 vol. in-12. — *Dupont*.	4	»
La Bruyère. Les caractères, 2 vol. in-16. — *Librairie des bibliophiles*	6	»
La Bruyère. Les caractères, in-16. — *Mame*.	1	40
La Bruyère. Les caractères, 2 vol. in-18. — *Palmé* . .	2	»
La Bruyère. Les caractères, avec notes de Julien, gr. in-18. — *Poussielgue*.	2	50

	fr. c.
La Fontaine. Fables, avec notes par Aubertin, in-12. *Belin*	1 60
La Fontaine. Fables, avec notes par A. Noël, à l'usage de l'enseignement classique, in-12. — *Delalain.*	2 50
La Fontaine. Fables, avec notes par A. Noël, à l'usage de l'enseignement spécial, in-12. — *Delalain*	2 »
La Fontaine. Fables, avec notes par Ruelle, in-12. — *Dupont*	1 25
La Fontaine. Fables, in-16. — *Mame*.	1 »
La Fontaine. Fables, in-18, illustré. — *Mame*	1 05
La Fontaine. Fables, 2 vol. in-32, reliés. — *Plon.* . .	12 »
La Fontaine. Fables, avec notes de Meurisse, gr. in-18. *Poussielgue*.	1 60
La Rochefoucauld. Maximes, in-16. — *Librairie des bibliophiles*	3 »
Lebaigue et Grisot. Morceaux choisis de littérature française, prose et poésie ; cours élémentaire, in-12. *Belin*	2 »
Lebaigue et Grisot. Morceaux choisis de littérature française, prose et poésie; cours moyen, précédé d'extraits des auteurs du XVIe siècle, in-12. — *Belin.*	3 25
Lebaigue et Grisot. Morceaux choisis de littérature française, prose et poésie; cours supérieur, précédé d'extraits des auteurs du Xe au XVIe siècle, in-12. — *Belin*	3 75
Louandre. Morceaux choisis, in-12. — *Dupont*	3 »
Maistre (X. de). Voyage autour de ma chambre, in-32. *Quantin*.	6 »
Malfilâtre. Poésies, in-8 écu. — *Quantin*	10 »
Malherbe. Poésies, in-18. — *Librairie des bibliophiles* .	3 »
Marivaux. Théâtre, 2 vol. in-16. — *Librairie des bibliophiles*	6 »
Massillon. Petit carême, sermons choisis de l'Avent et du grand carême, in-12. — *Palmé*.	2 50
Massillon. Le petit carême, avec notes de Soulié, gr. in-8. — *Poussielgue*	1 60

	fr. c.
Merlet. Études littéraires sur les classiques français des classes supérieures et du baccalauréat ès lettres. *Hachette*	8 »
Merlet (G.). Tableau de la littérature française, de 1800 à 1815, 1re partie, mouvement religieux, philosophique et poétique, in-8. — *Perrin*	11 »
Mirabeau. Morceaux choisis, recueillis par Ed. Milliet, in-16. — *Charavay*	1 50
Molière. L'avare, avec notes par Ch. Livet, in-12. — *Dupont*	1 50
Molière. Le misanthrope, avec notes par Ch. Livet, in-12. *Dupont*	1 50
Molière. Les femmes savantes, avec notes par Ch. Livet, in-12. — *Dupont*	1 50
Molière. Œuvres choisies, in-8. — *Ducrocq*	7 50
Molière. Les précieuses ridicules, avec notes par Ch. Livet, in-12. — *Dupont*	1 50
Molière. Le tartuffe, avec notes par Ch. Livet, in-12. — *Dupont*	1 50
Molière. Théâtre, 8 vol. in-16. — *Librairie des bibliophiles*	24 »
Montaigne. Essais, avec notes de Fauron, in-12. — *Dupont*	3 »
Montesquieu. Grandeur et décadence des Romains, in-16. — *Librairie des bibliophiles*	3 »
Montesquieu. Grandeur et décadence des Romains, in-32 rel. — *Plon*	6 »
Montvert (de). Préceptes de littérature, in-12. — *Poussielgue*	2 50
Nisard (Désiré). Histoire de la littérature française, 4 vol. in-18. — *Didot*	24 »
Nisard (Désiré). Précis de l'histoire de la littérature française, in-18. — *Didot*	4 »
Noël. Histoire abrégée de la langue et de la littérature française, in-12. — *Delalain*	3 50

fr. c.

Pascal. Les Provinciales, avec notes de Maillet, in-12. *Dupont* . . . . . . 2 »

Pascal. Pensées, in-12. — *Palmé* 3 50

Petit de Julleville. Leçons de littérature française, in-18. — *G. Masson* . . . . . . 5 »

Petits poètes français, 2 vol. gr. in-8. — *Didot* . . . . . . 26 »

Racine. Andromaque, in-12. — *Palmé* 1 25

Racine. Andromaque, avec notes du P. Boulay, gr. in-18. *Poussielgue* 2 50

Racine. Œuvres, 4 vol. in-32, reliés. — *Plon* . . . . . . 24 »

Racine. Œuvres choisies, in-8. — *Ducrocq* 7 50

Racine. Les Plaideurs, avec notes par Ch. Rinn, in-12. — *Delalain* . . . . . . 1 »

Racine. Théâtre, 3 vol. in-16. — *Librairie des bibliophiles* . . . . . . 9 »

Regnard. Théâtre, 2 vol. in-16. — *Librairie des bibliophiles* . . . . . . 6 »

Regnier. Satires, in-16. — *Librairie des bibliophiles* . . 3 »

Rivarol. Œuvres choisies, 2 vol. in-16. — *Librairie des bibliophiles* . . . . . . 6 »

Rousseau (J.-J.). Morceaux choisis, recueillis par Georges Renard, in-16. — *Charavay* 1 50

Sacy (S. de). Variétés littéraires, morales et historiques, in-12. — *Perrin* . . . . . . 11 »

Saint-Marc Girardin. Tableau de la littérature française au XVIe siècle, suivi d'études sur la littérature du moyen âge et de la renaissance, in-12. — *Perrin*. 5 50

Satire Ménippée, publiée par Read, in-16. — *Librairie des bibliophiles* . . . . . . 3 »

Saucié. Histoire de la littérature française, in-8. — *Mame* 4 50

Sévigné. (Mme de). Lettres choisies, gr. in-18. — *Poussielgue* 1 80

Sévigné (Mme de). Lettres choisies, avec notes par Labbé, in-12. — *Belin* . . . . . . 2 »

fr. c.

Sévigné (Mme de). Lettres choisies, avec notice par Ad. Régnier, in-16. — *Hachette* 1 80

Théâtre classique, avec notes par Aderer, Aulard, Gidel, Henry et Jonette, in-12. — *Belin* . . . . 3 »

Théâtre classique avec notes par Ad. Régnier, in-16. — *Hachette* . . . . 3 »

Théâtre classique, avec notes par Figuière, gr. in-18. — *Poussielgue* 3 50

Vapereau. Esquisse d'histoire de la littérature française, in-16. — *Hachette* 1 50

Vauvenargues. Œuvres morales, 3 vol. in-32 reliés. *Plon* . . . . 18 »

Villemain. Tableau de la littérature française au moyen âge en France, en Italie, en Espagne et en Angleterre, 2 vol. in-12. — *Perrin* . . . . 11 »

Villemain. Tableau de la littérature française au XVIIIe siècle, 4 vol. in-12. — *Perrin* . . . . 22 »

Voltaire. Lettres choisies, avec notes par Aubertin, in-12. — *Belin* 2 50

Voltaire. Lettres choisies, avec notes par G. Feugère, in-12. — *Delalain* 2 50

IV. — LANGUES ET LITTÉRATURES ANCIENNES

Ampère (J.-J.). La Grèce, Rome, etc., études littéraires d'après nature, in-12. — *Perrin* 5 50

Aristophane. Extraits, avec notes par Jacquet, in-12. — *Belin* . . . . 2 »

Bréal et Bailly. Leçons de mots grecs, in-16. — *Hachette* 1 50

Bréal et Bailly. Leçons de mots latins, 2 vol. in-16. *Hachette* 3 75

Bizeul et Boulay. Tableau synoptique d'histoire de la littérature grecque, in-4. — *Poussielgue* . . . . 3 »

	fr. c.
Bizeul et Boulay. — Tableau synoptique d'histoire de la littérature latine, in-4. — *Poussielgue*.	3 75
Blanchin (J.-B.). Disciple de Lhomond, 2 vol. gr. in-18. *Poussielgue :*	
Première partie, gr. in-18.	2 40
Deuxième partie, gr. in-18	1 60
Blanchin (J.-B.). Petit élève de Lhomond, gr. in-18. — *Poussielgue*.	2 50
Caussade (de). Littérature grecque, in-18. — *Masson*.	3 »
Caussade (de). Littérature latine, in-18. — *Masson*...	6 »
César. Commentaires, in-16. — *Mame*.	1 40
César. Guerre des Gaules, avec notes par Lebaigue, in-12. — *Belin*.	1 40
Cicéron. De senectute, in-12. — *Palmé*.	1 »
Cicéron. Morceaux choisis à l'usage de la classe de sixième, in-16. — *Mame*	» 55
Cicéron. Morceaux choisis à l'usage de la classe de cinquième, in-16. — *Mame*	» 70
Cicéron. Morceaux choisis à l'usage de la classe de quatrième, in-16. — *Mame*.	1 »
Cicéron. Morceaux choisis à l'usage de la classe de seconde, in-16. — *Mame*..	1 20
Cicéron. Pro Archia, in-12. — *Palmé*.	» 75
Conciones et orationes, in-16. — *Mame*..	1 40
Conciones latinæ, avec notes de Vauchelle, gr. in-18. *Poussielgue*.	2 50
Cornelius Nepos. In-16. — *Mame*.	» 75
Cornelius Nepos. Avec notes de Gricz, gr. in-18. — *Poussielgue*.	1 »
Cornelius Nepos, avec notes par Rinn, in-12. — *Delalain*.	1 20
Cornelius Nepos. De vita excellentium imperatorum, in-12. — *Palmé*.	1 25
Cornelius Nepos. Texte latin avec commentaire par Monginot, grand in-8. — *Hachette*..	6 »

	fr.	c.
Courval et Lejard. De viris illustribus urbis Romæ, grand in-18. — *Poussielgue*	1	25
Croiset. Littérature grecque, in-18. — *Masson*	2	»
De viris illustribus urbis Romæ, in-16. — *Mame*	1	»
Edon. Eléments de grammaire latine, in-12. — *Belin* .	2	»
Epitome historiæ sacræ, in-16. — *Mame*	»	60
Epitome historiæ sacræ, avec notes par Mingasson, grand in-18. — *Poussielgue*.	»	80
Esope. Fables, in-16. — *Mame*.	»	80
Euripide. Alceste, in-12. — *Palmé*.	»	80
Euripide. Iphigénie à Aulis, in-12. — *Palmé*	1	25
Extraits des Pères grecs, in-16. — *Mame*	1	30
Geoffroy. Dictionnaire français-latin, in-8. — *Delalain.*	3	75
Guillet (J.-A.), Idylles de Théocrite, traduction, in-32. *Quantin*.	10	»
Hérodote. Récits, avec notes par Lebaigue, in-12. *Belin.*	2	»
Heuzet. Selectæ e profanis scriptoribus historiæ, avec notes et thèmes d'imitation par Rouzé, in-12. — *Belin.*	2	25
Homère. Iliade, chant VI, in-12. — *Palmé*.	»	45
Homère. Iliade, avec notes par Brach, in-12. — *Belin* .	3	50
Homère. Iliade, texte grec avec commentaire par Alexis Pierron, 2 vol. gr. in-8. — *Hachette*	16	»
Homère. Iliade, texte grec avec notes par Alexis Pierron, in-16. — *Hachette*	3	50
Horace. Art poétique, in-12. — *Palmé*.	»	45
Horace. Odes, épîtres et satires, in-16. — *Mame* . . .	1	40
Horace. Œuvres, avec notes par Aubertin, in-12. *Belin.*	2	»
Horatii (Quinti Flacci) carmina expurgata, avec notes de H. C., gr. in-18. — *Poussielgue*	2	»
Jacob. Lexique étymologique latin-français, in-8. — *Delalain*.	8	»
J. M. J. A. Histoire des littératures anciennes et étrangères modernes, in-12. — *Poussielgue*	4	»
Lebaigue. Dictionnaire latin-français, in-8. — *Belin*. .	9	50
Lebaigue. Morceaux choisis d'auteurs latins tirés des meilleures traductions, in-12. — *Belin*	3	»

	fr.	c.
Leclair et Feuillet. Nouvelle grammaire grecque complète, in-8.— *Belin*	3	»
Leclair et Feuillet. Nouvelle grammaire latine complète, in-8. — *Belin*	3	»
Lejard. Nouveau traité de prosodie latine, in-18. — *Poussielgue*	2	»
Lhomond. Epitome historiæ sacræ, in-12. — *Palmé*	1	50
Lucien. Dialogues des morts, in-16. — *Mame*	»	80
Lucien. Dialogues des morts, avec notes par Tournier et Desrousseaux, in-16. — *Hachette*	1	50
Lucrèce. Extraits, avec notes de Ragon, gr. in-18 — *Poussielgue*	2	»
Maunoury. Anthologia parva latina, in-12. *Poussielgue*	2	»
Maunoury. Anthologie grecque, texte, commentaire étymologique, dictionnaire et traduction, in-12. — *Poussielgue*	3	»
Maunoury. Chrestomathie, recueil de morceaux gradués, tirés des auteurs grecs, avec dictionnaire et traduction, in-12. — *Poussielgue*	1	50
Maunoury. Grammaire latine, in-12. — *Poussielgue*	1	60
Merlet. Etudes littéraires sur les grands classiques latins à l'usage de l'enseignement secondaire des jeunes filles, in-16. — *Hachette*	4	»
Mingasson. Grammaire latine, gr. in-18. — *Poussielgue*	1	60
Moreau (Ch.). Lexique complet des racines grecques, in-8. — *Sarlit*	5	»
Narrationes et conciones, in-12. — *Palmé*	3	50
Narrationes latinæ, avec notes de Vauchelle, gr. in-18. *Poussielgue*	2	50
Nisard (Désiré). Bibliothèque latine, avec la traduction française, 28 vol. gr. in-8. — *Didot*	448	»
Ovide. Choix des métamorphoses, in-16. — *Mame*	1	40
Ovide. Morceaux choisis des métamorphoses, avec notes par L. Armenzaud, in-16. — *Hachette*	1	80
Ovidii Nasonis selectæ fabulæ ex libris metamorphoseon, avec notes de Lejard, gr. in-18. *Poussielgue*	1	40

	fr.	c.
Pessonneaux. Gradus ad Parnassum, in-8. — *Delalain.*	6	»
Phèdre. Fables, in-16. — *Mame.*	»	60
Phèdre. Fables, in-12. — *Palmé.*	1	25
Platon. Extraits, avec notes par Fouillée, in-12. — *Belin*	2	25
Plaute. Extraits de ses Comédies, avec notes par A. Bougot, in-12. — *Delalain.*	3	75
Plutarque. Vie de Cicéron, in-12. — *Palmé*	1	»
Preller. Les dieux de l'ancienne Rome, mythologie romaine, 2 vol. in-12. — *Perrin*	6	»
Quinte-Curce. Histoire d'Alexandre, avec notes de Vauchelle, gr. in-18. — *Poussielgue*	2	25
Robiou et Delaunay. Les institutions romaines, civiles, militaires et religieuses, in-12. — *Perrin*	5	50
Roche-Aymon (de la). Anacréon et Sapho, traduction, in-32. — *Quantin.*	10	»
Rouzé. Petite grammaire pratique de la langue latine, in-12. — *Belin.*	2	»
Salluste. In-16. — *Mame*	1	15
Salluste. Catilina et Jugurtha, avec notes de Guillaud, gr. in-18. — *Poussielgue.*	1	»
Sallustius. De conjuratione Catilinæ; de bello Jugurthino, avec notes par R. Lallier, in-16. — *Hachette.* .	1	80
Séguier (comte de). Odes et épodes d'Horace, traduction, in-32. — *Quantin*	10	»
Sophocle. Antigone, in-12. — *Palmé.*	1	25
Sophocle. Œdipe roi, in-12. — *Palmé.*	1	25
Sophocle. Philoctète, in-12. — *Palmé*	1	25
Tacite. In-16. — *Mame.*	2	30
Tacite. Historiarum quæ supersunt, avec notes par Person, in-12. — *Belin*	2	»
Tacite. Œuvres, avec notes par E. Dupuy, in-12. — *Delalain.*	6	50
Tacite. Vita Agricolæ, in-12. — *Palmé.*	1	»
Talbot. Dictionnaire français-grec, in-8. — *Delalain.*	7	»
Theil. Dictionnaire latin-français, in-8. — *Didot.* . . .	8	50

	fr.	c.
Theil. Recueil de morceaux choisis des auteurs grecs et latins, 7 vol. in-12, reliés. — *Didot*	21	»
Théocrite. Idylles I et XXI, in-12. — *Palmé*.	»	50
Thucydide. Extraits de la guerre du Péloponèse, avec notes par Bébin, in-12. — *Delalain*.	2	25
Villemain. Etudes des littératures ancienne et étrangère, in-12. — *Perrin*.	5	50
Virgile. Œuvres, avec notes par Aubertin, in-12. — *Belin*	2	25
Virgilii opera, avec notes de Lejard, gr. in-18. — *Poussielgue*	3	»
Virgilii Maronis opera, in-16. — *Mame*.	1	60
Virgilius. Opera, avec notes par Benoist, in-16. — *Hachette*	2	25
Vuillaume. Bible latine des étudiants, gr. in-18. — *Poussielgue*.	3	»
Xénophon. In-16. — *Mame*.	»	80
Xénophon. Mémoires sur Socrate, avec notes par Maillet, in-12. — *Belin*	2	»

V. — LANGUES ET LITTÉRATURES

ÉTRANGÈRES MODERNES

	fr.	c.
Album-vocabulaire du premier âge en français, anglais, allemand, italien et espagnol, illustr. de 800 grav., in-8. — *Jouvet*.	5	»
Beljame (Al.). Premier livre de lectures anglaises, in-16. — *Hachette*.	1	50
Beljame (Al.). Second livre de lectures anglaises, in-16. *Hachette*.	1	50
Bossert et Beck. Lectures allemandes à l'usage de l'enseignement secondaire des jeunes filles, 2 vol. in-16. — *Hachette* :		

	fr.	c.
Première année, in-16	1	50
Deuxième année, in-16.	2	50
Bougeault. Histoire des littératures étrangères, 3 vol. in-8, reliés. —*Plon*.	27	»
Braeunig et Dax. Exercices pratiques de langue allemande, in-16. — *Hachette*.	1	50
Byron. Childe Harold, in-12. — *Dupont*.	3	»
Chasles (Emile). Les verbes irréguliers anglais, in-16. *Jouvet*.	1	»
Day. Little Jack, avec notes par Elwall, grand in-18. — *Delalain*	1	»
Dresch. Dialogues, conversations, questions en allemand, in-32. — *Delalain*	2	»
Dresch. Dictionnaire allemand-français et français allemand, 1 vol. in-18. — *Delalain*.	8	»
Elwall. Grammaire anglaise, in-12. — *Delalain*. . . .	1	50
Elwall. Dictionnaire anglais-français et français-anglais, in-8. — *Delalain*	12	»
Elwall. Petit dictionnaire anglais-français et français-anglais, in-18. — *Delalain*	5	»
Elwall et East. Dialogues, conversations et questions en anglais et en français, in-32. — *Delalain*.	2	»
Fischer et Lebeau. Grammaire allemande élémentaire, gr. in-18. — *Poussielgue*.	1	75
Gœthe. Iphigénie, in-12. — *Dupont*.	1	50
Gœthe. Poésies lyriques, in-12. — *Palmé*.	1	50
J. M. J. A. Histoire des littératures anciennes et étrangères, in-12. — *Poussielgue*	4	»
Kotzebue. La petite ville allemande, texte allemand avec notes par Bailly, in-16. — *Hachette*	1	50
Krummacher. Paraboles choisies, avec notes par E. Hallberg, in-18. — *Delalain*.	1	50
Lang (l'abbé). Nouvelle méthode de grammaire allemande, in-12. — *Sarlit*.	2	»
Lessing. Minna de Barnhelm, in-12. — *Dupont*. . . .	1	60

	fr.	c.
Lévi. Morceaux choisis des philosophes allemands, in-18. — *Alcan*.	2	»
Liebermann. Méthode d'écriture allemande, 4 cahiers. *Picard-Bernheim*. Le cent	10	»
Longfellow. Evangeline et poèmes choisis, in-16. — *Hachette*.	3	50
Saillard. Etude de la langue anglaise, in-18. — *Poussielgue*.	4	»
Scherdlin. Lectures enfantines allemandes, in-16. — *Hachette*.	1	25
Scherdlin. Morceaux choisis d'auteurs allemands, 7 vol. in-16. — *Hachette*	7	50
Schiller. Histoire de la Guerre de trente ans, avec notes, par E. Hallberg, grand in-18. — *Delalain*.	3	»
Schmitt. Abrégé de grammaire allemande, in-12. — *Dupont*.	1	50
Schmitt. Cours élémentaire de thèmes allemands, in-12. — *Dupont*.	1	50
Schmitt. Lectures enfantines en allemand, in-12. — *Delalain*.	1	25
Shakspeare. Jules César, in-12. — *Dupont*.	1	50
Shakspeare. Richard III, in-12. — *Dupont*.	2	»
Soreau. Recueil des lectures allemandes à l'usage des classes élémentaires, gr. in-18. — *Poussielgue*. . . .	2	25
Soreau. Recueil des lectures allemandes à l'usage des classes supérieures, gr. in-18. — *Poussielgue*	3	»
Suckau (de). Premier livre d'allemand, in-12. *Dupont*.	1	50
Villemain. Etudes de littérature ancienne et étrangère, in-12. — *Perrin*.	3	50

VI. — HISTOIRE

Anquez. Histoire de France, in-18. — *Hetzel*... . . .	3	»
Arsac (J. d'). Cours d'histoire de France et d'histoire générale, 2 vol. in-12. — *Palmé*.	8	»

	fr.	c.
Belèze et Lesieur. Récits sur l'histoire de France (moyen âge), in-8. — *Mame.*	2	30
Belèze et Lesieur. Récits sur l'histoire de France (ère moderne), in-8, illustré. — *Mame.*	2	30
Bénard. Année préparatoire d'histoire sainte, in-12. *Colin.*	»	60
Bénard. Textes et récits d'histoire sainte, première année, in-12. — *Colin*	»	90
Bernard. Histoire sainte, cours élémentaire, in-12. — *Belin*	»	80
Bernard. Histoire sainte, cours moyen, in-12. — *Belin*	1	75
Bernard. Histoire sainte, cours supérieur, in-12. — *Belin*	1	60
Blanchet (D.). Biographies des hommes illustres, in-12. *Belin*	1	25
Blanchet (D.). Histoire de France, cours moyen, in-12. *Belin*	1	10
Blanchet (D.). Histoire générale, cours supérieur, in-12. — *Belin.*	2	25
Blanchet (D.) et Pinard. Histoire de France, cours complet, in-12. — *Belin.*	2	80
Boutet de Monvel (Mme). Abrégé d'histoire ancienne, in-12. — *Plon*	1	»
Briand. Tableaux d'histoire générale, in-4. — *Delalain.*	6	»
Carnot. Révolution française, in-18. — *Alcan.*	4	»
Chaveneau. Rome ancienne, in-12. — *Delalain.* . . .	1	50
Chevallier. Histoire de l'Europe et particulièrement de la France, depuis 395 jusqu'en 1270, in-12. *Delalain.*	5	»
Chevallier et Todière. Histoire de l'Europe et particulièrement de la France, depuis 1270 jusqu'en 1610, in-12. — *Delalain*	5	»
Choublier. Cours d'histoire de France, in-12. — *Delalain.*	4	»
Corréard. Choix de Textes pour servir à l'histoire des Institutions de la France, in-12. — *Delalain.* . . .	4	»

	fr.	c.
Corréard. Histoire nationale, in-18. — *Masson*. . . .	2	50
Courval. Histoire ancienne, in-16. — *Poussielgue*. . .	1	75
Courval. Histoire de France, 2 vol. in-16. *Poussielgue*.	5	»
Courval. Histoire de l'Europe et particulièrement de la France, de 395 à 1270, in-18. — *Poussielgue*.. . . .	4	»
Courval. Histoire de l'Europe et particulièrement de la France, de 1270 à 1610, in-18. — *Poussielgue* . .	4	»
Courval. Histoire de l'Europe et particulièrement de la France de 1610 à 1789, in-18. — *Poussielgue*	4	»
Courval. Histoire moderne, 2 vol. in-16.—*Poussielgue* :		
Première partie, in-16	2	50
Deuxième partie, in-16.	2	50
Courval. Histoire du moyen âge, in-16. — *Poussielgue*.	3	»
Courval. Histoire romaine, in-16. — *Poussielgue*. . .	2	»
Courval. Histoire sainte, in-16. — *Poussielgue*. . . .	1	25
Dareste (C.). Histoire de France, depuis ses origines jusqu'à nos jours, 9 volumes in-8; reliés. — *Plon*.. .	107	»
Daumas (V.). Histoire sainte illustrée ou nouveau et ancien testament, in-12. — *Palmé*.	1	50
Desormes (Louis). Récits sur les principaux personnages et les grands faits de l'histoire de France, cours élémentaire, in-8. — *Sarlit*.	»	60
Desormes (Louis). Récits sur les principaux personnages et les grands faits de l'histoire sainte, cours élémentaire, in-18. — *Sarlit*.	»	60
Dhombres. Précis d'histoire des temps modernes, in-12. *Alcan*.	6	»
Dottain. Histoire de la Grèce, in-12. — *Delalain*. . .	2	50
Dottain. Histoire ancienne, in-12. — *Delalain*	1	75
Drioux. Histoire contemporaine, in-12. — *Belin*. . .	4	50
Drioux. Histoire romaine, in-12. — *Belin*.	2	60
Drioux. Histoire sainte, in-18. — *Belin*..	1	»
Ducoudray. Cours d'histoire à l'usage de l'enseignement primaire, 3 vol. in-16. — *Hachette*:		
Cours élémentaire, 1 vol.	»	60

	fr. c.
Cours moyen, 1 vol.	1 10
Cours supérieur, 1 vol.	1 80
Ducoudray. Histoire de France et histoire contemporaine, de 1789 à la Constitution de 1875, in-16. — *Hachette*.	6 »
Ducoudray. Histoire générale à l'usage de l'enseignement secondaire spécial, 2 vol. in-16. — *Hachette*. .	6 50
Duruy (Victor). Histoire de France, 2 vol. in-16. — *Hachette*.	8 50
Foncin. Textes et récits d'histoire de France (1re année), in-12. — *Colin*.	» 90
Fourrière (l'abbé). Histoire sainte abrégée pour les écoles, in-12. — *Sarlit*.	» 80
Fourrière (l'abbé). Histoire sainte enseignée aux petits enfants, in-18. — *Sarlit*.	» 15
Franklin (Alfred). Les sources de l'histoire de France, in-8, relié. — *Didot*.	30 »
Gazeau (le Père). Histoire ecclésiastique, in-16. — *Mame*.	» 90
Gazeau (le Père). Histoire sainte, in-16. — *Mame*. .	» 80
Gœpp (E.). Grands hommes de la France, hommes de guerre, 1re série, in-12. — *Ducrocq*.	4 50
Gœpp (E.). Grands hommes de la France, hommes de guerre, 2e série, in-12. — *Ducrocq*.	4 50
Gœpp (E.). Grands hommes de la France, hommes de guerre, 3e série, in-12. — *Ducrocq*.	4 50
Gœpp (E.). Grands hommes de la France, hommes de guerre, 4e série, in-12. — *Ducrocq*.	4 50
Gœpp (E.). Grands hommes de la France, industriels, in-12. — *Ducrocq*.	4 50
Gœpp (E.). Grands hommes de la France, marins, 2 vol. in-12. — *Ducrocq*:	
Première série, in-12.	4 50
Deuxième série, in-12.	4 50
Gœpp (E.). Grands hommes de la France, navigateurs, in-12. — *Ducrocq*.	4 50

fr. c.

Guiraud et Lacour-Gayet. Histoire romaine, in-12. *Alcan*. 4 50

Guizot. Essai sur l'histoire de France, in-8. — *Perrin*. . . . . 9 »

Guizot. Histoire de la civilisation en Europe, depuis la chute de l'empire romain jusqu'à la révolution française, in-12. — *Perrin*. 5 50

Guizot. Histoire de la civilisation en France depuis la chute de l'empire romain, 4 vol. in-12. — *Perrin*. . 22 »

Histoire de France (chronologie de l'), in-12. — *Mame et Poussielgue*. . . . . » 60

Histoire de France (cours élémentaire d'), in-18. — *Mame et Poussielgue* . . . . » 40

Histoire de France (cours moyen d'), in-16. — *Mame et Poussielgue*. 1 15

Histoire sainte (cours moyen d'), in-16. — *Mame et Poussielgue*. . . . . » 70

Histoire sainte (cours supérieur d'), in-12. — *Mame et Poussielgue*. 1 10

Hue (Gustave). Analyse des principales campagnes conduites en Europe depuis Louis XIV jusqu'à nos jours, in-16. — *Jouvet*. 3 50

Joubert (Léo). Dictionnaire de biographie générale, petit in-8. — *Didot*. . . . . 6 »

Jurien de la Gravière (vice-amiral). La marine des anciens, la bataille de Salamine et l'expédition de Sicile, in-18, rel. — *Plon*. 5 50

Jurien de la Gravière (vice-amiral). La marine des anciens, la revanche des Perses, les tyrans de Syracuse, in-18, relié. — *Plon*. 5 50

Jurien de la Gravière (Vice-amiral). La marine des Ptolémées et la marine des Romains : tome Ier, la marine de guerre; tome IIe, la marine marchande, 2 vol. in-18, rel. — *Plon*. . . . . 12 »

Jurien de la Gravière (vice-amiral). Les campagnes d'Alexandre, 5 vol. in-18, reliés. — *Plon*:

fr. c.

Tome Ier. Le drame macédonien. . . . . 6 »
Tome II. L'Asie sans maître . . . . 6 »
Tome III. L'héritage de Darius . . . . 6 »
Tome IV. La conquête de l'Inde et le voyage de Néarque. . . . . 6 »
Tome V. Le démembrement de l'empire. . . . . 6 »

Keller (Émile). Histoire de France, in-4, illustrée. — *Mame*. 8 50

Lavisse (E.). Année préparatoire d'histoire de France, in-12. — *Colin*. . . . . » 60

Lavisse (E.). Première année d'histoire de France, in-12. — *Colin*. 1 10

Lavisse (E.). Deuxième année d'histoire de France, in-12. — *Colin*. 1 50

Lavisse (E.). Histoire générale, in-12. — *Colin*. . . 1 »

Lavisse (E.). Récits et entretiens familiers sur l'histoire de France, in-12. — *Colin*. . . . . » 60

Legout. Histoire de France, in-18. — *Sarlit*. . . . . » 20

Legout. Histoire sainte, in-18. — *Sarlit* . . . . . . » 15

Macé (Jean). La France avant les Francs, in-16. — *Hetzel*. 1 50

Maréchal. Histoire contemporaine, in-12. — *Delalain*. 6 »

Maréchal. Histoire romaine, in-12. — *Delalain*. . . . 5 »

Martin (Henri). Histoire de France populaire, 6 vol. grand in-8. — *Jouvet* :
Chaque vol.. . . . . 8 »

Maunoury. Histoire ecclésiastique, in-16. — *Poussielgue*. 1 25

Maunoury. Histoire de l'Eglise, in-12. — *Poussielgue*. 3 »

Michelet (J.). Les croisades, in-16. — *Hetzel*. . . . 1 50

Michelet (J.). François Ier et Charles-Quint, in-16. — *Hetzel*. 1 50

Michelet (J.). Henri IV, in-16. — *Hetzel*. 1 50

Michelet (J.). La prise de la Bastille et la fête des fédérations, in-16. — *Hetzel*. 1 50

	fr.	c.
Mignet. Etudes historiques. La Germanie aux VIIIe et IXe siècles, formation de la France, établissement de la réforme à Genève, histoire de la succession d'Espagne, in-8. — *Perrin*.	10	»
Mignet. Histoire de la révolution française depuis 1789 jusqu'en 1814, 2 vol. in-12. — *Perrin*.	11	»
Mury. Histoire romaine abrégée, in-12. — *Palmé*. . .	2	»
Mury. Histoire romaine illustrée, 2 vol. in-12. *Palmé*.	5	»
Musée des archives nationales, ouvrage enrichi de 1,200 fac-simile des autographes les plus importants, publié par la direction générale des archives nationales, in-4, rel. — *Plon*.	50	»
Poujoulat. Histoire de la révolution française, 2 vol. in-8. — *Mame*.	16	20
Pouthas. Éléments d'histoire générale, in-12. — *Delalain*.	4	»
Sallèze. Nouvelle méthode de chronologie appliquée à l'histoire de France, in-4, avec 15 tableaux chronologiques coloriés. — *Sarlit*	3	50
Les 15 tableaux de cette chronologie agrandis et mesurant 40 centimètres carrés.	10	»
Seignobos. Histoire de la civilisation, tome Ier, in-12. *Masson*.	3	50
Smith (W.). Biographie, mythologie, géographie anciennes, petit in-8. — *Didot*	12	50
Suérus. Histoire ancienne des peuples de l'Orient, in-12. — *Dupont*.	2	25
Suérus. Histoire de France, avec vignettes, cours élémentaire, in-12. — *Dupont*	»	80
Thierry (Amédée). Histoire d'Attila et ses successeurs jusqu'à l'établissement des Hongrois en Europe, 2 vol. in-12. — *Perrin*.	11	»
Todière. Histoire de l'Europe et particulièrement de la France de 1610 jusqu'en 1789, in-12. — *Delalain* .	4	»
Wentworth-Higginson. Histoire des Etats-Unis, in-18.	3	»
Hetzel.	3	»

	fr. c.
Witt (de). Histoire de Washington et de la fondation de la république des Etats-Unis, in-8.—*Perrin*. . . .	10 »
Zeller. Entretiens sur l'histoire du moyen âge, 2 vol. in-12. — *Perrin*.	11 »
Zeller. Histoire d'Allemagne, avec cartes, 4 vol. in-8. — *Perrin*.	42 »
Zevort (Edgar). Histoire de France, classe de septième, in-12. — *Picard-Bernheim*.	1 50
Zevort (Edgar). Histoire de France, classe de huitième, in-12. — *Picard-Bernheim*	1 25
Zevort (Edgar). Histoire de France, cours élémentaire, in-12. — *Picard-Bernheim*.	» 80
Zevort (Edgar). Histoire de France, cours moyen, in-12. — *Picard-Bernheim*.	1 35
Zevort (Edgar). Histoire de France, cours supérieur, in-12. — *Picard-Bernheim*.	2 25
Zevort (Edgar). Histoire de notre patrie, in-12. — *Picard-Bernheim*.	1 80

VII. — GÉOGRAPHIE, VOYAGES

Atlas de géographie militaire, in-folio. — *Jouvet*. . .	42 »
Atlas de quarante-sept cartes, in-4. — *Mame et Poussielgue*	6 75
Aubert et V. Vattier. Le littoral de la France, côtes normandes, in-8. — *Palmé*	20 »
Bainier. Géographie appliquée à la marine, au commerce, à l'industrie, à l'agriculture et à la statistique : l'Afrique, in-8. — *Belin*.	20 »
Bainier. Géographie appliquée à la marine, au commerce, à l'industrie, à l'agriculture et à la statistique : la France, in-8. — *Belin*	20 »
Biart (Lucien). A travers l'Amérique, in-8. — *Hennuyer*.	18 »
Biart (Lucien). Entre deux océans, in-18. — *Hennuyer*.	4 50

	fr.	c.
Blanc (Hippolyte). Lectures sur la géographie commerciale et industrielle, in-12. — *Palmé*	2	50
Bougier. Précis de géographie, in-12. — *Alcan* . . .	7	»
Bureau (E.). Géographie physique, historique et militaire de la région française : France, Hollande, Belgique, Suisse, frontière occidentale de l'Allemagne, in-16. — *Jouvet*	7	50
Chevallier. — Atlas complet de géographie, in-folio. — *Delalain*	15	»
Clamageran. L'Algérie, in-12. — *Alcan*.	5	»
Cortambert. Cours de géographie, in-16. — *Hachette*.	4	25
Cortambert. Géographie de la France, in-16. *Hachette*.	3	»
Deberle. Amérique du Sud, in-12. — *Alcan*.	4	»
Deschamps. Dictionnaire de géographie ancienne et moderne, in-8. — *Didot*.	46	»
Drioux et Leroy. Atlas universel (A), in-4. — *Belin* .	12	50
Dubail. Atlas classique de géographie universelle, gr. in-8. — *Hetzel*.	8	»
Dubois. Notions de géographie générale, in-18. *Masson*.	1	50
Dubon et Lacroix. Enseignement pratique de la géographie, atlas, cours élémentaire, in-4. — *Belin* . .	»	90
Dubon et Lacroix. Enseignement pratique de la géographie, atlas, cours moyen, in-4. — *Belin*.	1	30
Dubon et Lacroix. Enseignement pratique de la géographie, atlas, cours supérieur, in-4. — *Belin*. . . .	2	»
E. C. (l'abbé). Géographie élémentaire, in-16. — *Poussielgue*	3	»
Fath. Les cataractes de l'Obi, voyage dans les steppes sibériens, in-8, cart. — *Plon*	10	»
Foncin. Album de 29 cartes muettes. — *Colin*. Chaque carte	»	05
Foncin. Année préparatoire de géographie, in-4. *Colin*.	»	75
Foncin. Année préparatoire de géographie, partie du maître, in-4. — *Colin*.	1	25
Foncin. La première année de géographie, in-4. — *Colin*	1	30

	fr. c.
Foncin. La première année de géographie, partie du maître, in-4.	2 50
Foncin. La deuxième année de géographie, in-4. — *Colin*	3 90
Foncin. La deuxième année de géographie, partie du maître, in-4. — *Colin*	1 25
Gaffarel (Paul). L'Algérie, gr. in-8, rel. — *Didot*	40 »
Gaffarel. Les colonies françaises, in-18. — *Alcan*	5 »
Gasquet. Cours de géographie générale, in-12. — *Delalain*	5 »
Géographie-atlas, élève et maître, 2 vol. in-4. — *Mame et Poussielgue*	1 80
Géographie (cours élémentaire de), in-18. — *Mame et Poussielgue*	» 40
Géographie (cours moyen de), in-16. — *Mame et Poussielgue*	» 70
Géographie (cours supérieur de), in-12. — *Mame et Poussielgue*	1 45
Géographie (cours spécial de), in-12. — *Mame et Poussielgue*	2 50
Hue (Gustave). Aperçu de géographie militaire de l'Europe (moins la France), in-16. — *Jouvet*	4 »
Lanier (L.). Lectures de géographie : l'Afrique, in-12. *Belin*	6 »
Lanier (L.) Lectures de géographie : l'Amérique, in-12. *Belin*	4 »
Legout. Géographie, in-18. — *Sarlit*	» 15
Lehugeur. Géographie élémentaire de la France, in-4. *Dupont*	2 25
Lélu (Paul). En Algérie, in-18. — *Hennuyer*	4 50
Lemonnier et Schrader. Eléments de géographie, 3 vol. in-4. — *Hachette* :	
Cours élémentaire, in-4	1 »
Cours moyen, in-4	1 60
Cours supérieur, in-4	2 40

	fr.	c.
Mamet. Notions de géographie scientifique, in-12. — *Delalain*.	3	50
Marin (un), Introduction à l'étude de la géographie, ou notions de géographie mathématique et de géographie physique à l'usage et à la portée de tout le monde, in-16. — *Jouvet*.	3	»
Maury (le commandant). Géographie physique, in-18. *Hetzel*.	3	»
Maxime. Hélène. Les nouvelles routes du globe, in-8, illustré. — *Masson*.	13	»
Méthodologie de géographie, manuel du maître, in-12. *Mame et Poussielgue*	1	75
Navery (Raoul de). Les voyages de Camoens, in-18. *Hennuyer*	4	50
Niox. Carte de France et des pays voisins, pour servir à l'étude de la géographie physique et militaire, 1 feuille, grand-aigle, montée sur gorge et rouleau. *Colin*	11	»
Niox. Portefeuille de dix cartes muettes, pour servir à l'étude de la géographie physique et militaire, 10 feuilles in-folio. — *Colin*	3	50
Perrier (Edmond). Les principaux types des êtres vivants des cinq parties du monde, atlas in-4 et texte explicatif. — *Jouvet*	6	»
Pigeonneau (H.). Géographie à l'usage de l'enseignement secondaire des jeunes filles, première année, in-12 — *Belin*	2	25
Pigeonneau (H.). Géographie à l'usage de l'enseignement secondaire spécial, première année, in-12. — *Belin*	2	25
Pigeonneau (H.). Géographie à l'usage de l'enseignement secondaire classique, classe de quatrième, in-12. *Belin*	1	50
Pigeonneau (H.). Géographie physique et politique de la France et des cinq parties du monde ; cours complet, in-12. — *Belin*.	2	50

	fr.	c.
Reclus (Onésime). Géographie : la terre à vol d'oiseau, 2 vol. in-16. — *Hachette*	10	50
Reclus (Onésime). Géographie : France, Algérie et colonies, in-16. — *Hachette*	5	75
Sachot (O.). Les grandes cités de l'Ouest américain, in-12. — *Ducrocq*	3	50
Sachot (O.). Nègres et Papous, in-12. — *Ducrocq*. . .	3	50
Sachot (O.). Récits de voyages, aventures, types et croquis, in-12. — *Ducrocq*	3	50
Sachot (O.). La Sibérie orientale et l'Amérique russe, in-12. — *Ducrocq*	3	50
Sachot (O.). La Sibérie orientale, l'Amérique russe et les régions polaires, in-8. — *Ducrocq*	8	»
Sanderval (Olivier de). De l'Atlantique au Niger, in-8. *Ducroq*	8	»
Sanis. Géographie de la France, in-12. — *Delalain*. .	2	50
Verne (Jules). La découverte de la terre : Histoire générale des grands voyages et des grands voyageurs, gr. in-8, illustré. — *Hetzel*	7	»
Verne (Jules). Les grands navigateurs du XVIIIe siècle, gr. in-8, illustré. — *Hetzel*.	7	»
Verne (Jules). Les voyageurs du XIXe siècle, gr. in-8, illustré. — *Hetzel*.	7	»
Vidal-Lablache. Carte murale : France agricole et industrielle. — *Colin*	6	50
Vidal-Lablache. Carte murale : France, relief du sol. *Colin*	6	50
Vidal-Lablache. Carte murale : France, villes. *Colin*.	6	50
Vidal-Lablache. Carte murale : Planisphère. — *Colin*.	6	50
Vuillemin. Atlas orographique et hydrographique des bassins des grands fleuves de l'Europe et de la France, avec le tracé des chemins de fer, in-folio. — *Delalain*.	12	»
Zurcher et Margollé. Histoire de la navigation, in-18. *Hetzel*.	3	»

VIII. — SCIENCES MATHÉMATIQUES

	fr.	c.
Adhémar (J.). Traités d'arithmétique et d'algèbre, in-8. — *Colin*	6	»
Adhémar (J.). Traité de charpente, in-8, et un atlas, in-fol. — *Colin*	4	25
Adhémar (J.). Traité de la coupe des pierres, in-8, et un atlas in-folio. — *Colin*	34	»
Adhémar (J.). Traité de géométrie, 2 vol. in-8. *Colin.*	8	»
Adhémar (J.). Traité de géométrie descriptive, in-8, et un atlas in-folio. — *Colin*	22	»
Adhémar (J.). Traité des ponts biais, in-8, et un atlas in-folio. — *Colin*	26	»
Algèbre (éléments d'), in-12. — *Mame et Poussielgue*	2	80
Algèbre (exercices d'), livre du maître, in-12. — *Mame et Poussielgue*	7	»
Audoynaud. Entretiens sur la cosmographie, in-18. — *Hetzel*	3	»
André (D.). Arithmétique des écoles primaires, cours moyen, in-12. — *Belin*	1	50
Arithmétique (cours élémentaire d'), in-18. — *Mame et Poussielgue*	»	60
Arithmétique (cours moyen d'), livre de l'élève, in-16. *Mame et Poussielgue*	1	15
La même, livre du maître, in-12. — *Mame et Poussielgue*	3	50
Arithmétique (cours supérieur d'), livre de l'élève, in-12. *Mame et Poussielgue*	1	70
La même, livre du maître, in-12. — *Mame et Poussielgue*	4	25
Arithmétique (éléments d'), in-12. — *Mame et Poussielgue*	2	10
Arithmétique (exercices d'), livre du maître, in-12. — *Mame et Poussielgue*	4	60

	fr.	c.
Arithmétique (nouveau traité d'), livre de l'élève, in-12. *Mame et Poussielgue*	1	25
La même, livre du maître, in-8	6	»
Arpentage, levé des plans, nivellement, in-12. — *Mame et Poussielgue*	3	50
Arpentage (manuel d'), in-12. — *Mame et Poussielgue*. .	1	70
Berthelot (M.). Sur la force des matières explosives, d'après la thermochimie, 2 vol. gr. in-8. — *Gauthier-Villars*	30	»
Boillot (A.). Traité élémentaire d'astronomie, in-18. *Jouvet*.	4	»
Bos. Notions de géométrie plane, à l'usage de l'enseignement secondaire des jeunes filles, in-16. — *Hachette*	1	50
Bos et Rebière. Eléments de géométrie, in-8. — *Hachette*	7	»
Bovier-Lapierre. Eléments de trigonométrie, in-12. *Dupont*	1	50
Bresse. Cours de mécanique et machines professé à l'Ecole polytechnique, tome Ier, in-8. — *Gauthier-Villars*	12	»
Briot (Ch.) Théorie mécanique de la chaleur, in-8, avec figures dans le texte. — *Gauthier-Villars*	7	50
Burat. Traité d'arithmétique, in-8. — *Belin*	4	»
Caron. Cours de géométrie descriptive, deux parties, in-8. — *Alcan*.	15	»
Carton. Eléments de géométrie spéciaux au baccalauréat ès lettres, in-12. — *Poussielgue*	3	75
Cauchy (A.). Œuvres complètes d'Augustin Cauchy, 26 vol. in-4. — *Gauthier-Villars* :		
Volumes parus (1re série) :		
Tome Ier. Théorie de la propagation des ondes à la surface d'un fluide pesant, d'une profondeur indéfinie. — Mémoire sur les intégrales définies.	25	»
Tome IV. Extraits des comptes rendus de l'Académie des sciences	25	»

	fr.	c.
Combette (E.). Arithmétique, cours élémentaire, in-18. *Picard-Bernheim*	»	80
Combette. Cours élémentaire d'algèbre, in-8. — *Alcan*.	12	»
Combette. Cours élémentaire d'arithmétique, in-8. — *Alcan*.	8	»
Combette. Cours élémentaire de géométrie, in-8. — *Alcan*.	12	»
Combette. Cours élémentaire de mécanique, in-8. — *Alcan*.	7	»
Combette. (E.). Exercices et problèmes, in-18. — *Picard-Bernheim*.	»	45
Combette. Géométrie, classe de quatrième, in-12. — *Dupont*	1	50
Combette. Géométrie, classe de troisième, in-12. — *Dupont*	2	»
Combette. Géométrie, classe de seconde, in-12. *Dupont*.	2	50
Cosmographie (éléments de), in-12. *Mame et Poussielgue*.	2	80
Cuir (A. F.). Exercices de calcul, cours élémentaire. in-16. — *Picard-Bernheim*.	»	40
Cuir (A. F.). Exercices de calcul, cours moyen, in-16. *Picard-Bernheim*	»	40
Demkès. Arithmétique des élèves, in-18. — *Sarlit*. . .	»	75
Desauney. Traité d'arithmétique raisonnée, in-12. — *Poussielgue*.	1	75
Didry. Système métrique avec questionnaire et exercices, in-18. — *Sarlit*.	»	30
Dublanchy. Petite arithmétique élémentaire, in-18. — *Sarlit*.	»	60
Dublanchy. Traité d'arithmétique, in-12. — *Sarlit* . .	1	25
Ducatel. Leçons d'arithmétique, 2 vol. in-18. — *Masson*	3	80
Ducatel. Notions de géométrie, in-18. — *Masson*. . .	1	80
Endrès (E.). Manuel du conducteur des ponts et chaussées, 3 vol. in-8. — *Gauthier-Villars*	27	»
Exercices de calcul et recueil de problèmes, livre de	»	65
l'élève, in-18. — *Mame et Poussielgue*.	»	65

	fr. c.
Les mêmes, livre du maître, in-18. — *Mame et Poussielgue*	1 50
Exercices et problèmes de trigonométrie, livre du maître, in-12. — *Mame et Poussielgue*	3 50
Faye (H.). Cours d'astronomie de l'école polytechnique, 2 vol. gr. in-8. — *Gauthier-Villars* :	
Première partie : Astronomie sphérique. — Géodésie et géographie mathématique	12 50
Deuxième partie : Astronomie solaire. — Théorie de la lune. — Navigation	14 »
Faye (H.). Sur l'origine du monde, études cosmogoniques des anciens et des modernes, in-8. — *Gauthier-Villars*	5 »
Flammarion (Camille). L'astronomie, revue mensuelle d'astronomie populaire, de météorologie et de physique du globe. — *Gauthier-Villars*, l'année (Paris)	12 »
Fractions (les) et les problèmes résolus par l'unité, livre de l'élève, in-18. — *Mame et Poussielgue*	» 35
Les mêmes, livre du maître, in-12. — *Mame et Poussielgue*	» 70
Fraiche. Algèbre et géométrie, in-8. — *Palmé*	2 »
Fraiche. Arithmétique, algèbre et géomét., in-8. *Palmé*.	3 »
Fraiche. Arithmétique et géométrie, in-8. — *Palmé*	1 50
Fraiche. Eléments d'algèbre, in-8. — *Palmé*	3 »
Fraiche. Eléments d'arithmétique, in-8. — *Palmé*	3 »
Géométrie (cours supérieur de), in-12. — *Mame et Poussielgue*	1 70
Géométrie (éléments de), in-12. — *Mame et Poussielgue*.	3 65
Géométrie (exercices de), livre du maître, in-12. — *Mame et Poussielgue*	11 »
Géométrie descriptive (éléments de), in-12. — *Mame et Poussielgue*	2 80
Géométrie descriptive (exercices de), livre du maître, in-12. — *Mame et Poussielgue*	8 »
Hélie. Traité de balistique expérimentale, in-8. — *Gauthier-Villars*	18 »

	fr.	c.
Jordan (Camille). Cours d'analyse de l'école polytechnique, 3 vol. in-8. — *Gauthier-Villars* :		
Les deux premiers sont seuls publiés.		
Tome Ier. Calcul différentiel.	11	»
Tome II. Calcul intégral (intégrales définies et indéfinies)	12	»
Lagarde. Leçons de topographie, in-4. — *Belin* . . .	3	50
Lagrange. Œuvres complètes. Première série, 7 vol. in-4, tomes I à VII. — *Gauthier-Villars*, chaque vol..	30	»
Lagrange. Œuvres complètes, deuxième série, 7 vol. in-4. — *Gauthier-Villars* :		
Volumes parus :		
Tome VIII. Résolution des équations numériques .	18	»
Tome IX. Théorie des fonctions analytiques. . . .	18	»
Tome X. Leçons sur le calcul des fonctions. . . .	18	»
Laplace. Œuvres complètes, in-4. — *Gauthier-Villars*.		
Traité de mécanique céleste, tomes I à V.	90	»
Exposition du système du monde, tome VI. . . .	20	»
Launay. Eléments d'algèbre, in-16. — *Hachette*. . . .	3	»
Laurent. Cours élémentaire de cosmographie, in-12. —	3	»
Lebon. Géométrie descriptive, à l'usage de l'enseignement secondaire spécial, cours de troisième année, in-8. — *Delalain*	3	»
Lebon. Géométrie descriptive, à l'usage de la classe de mathématiques élémentaires, premier volume, in-8. *Delalain*.	5	»
Lebon. Supplément au 1er volume de géométrie descriptive, in-8. — *Delalain*.	3	50
Lebon. Géométrie descriptive, à l'usage de la classe de mathématiques spéciales, second volume, in-8. — *Delalain*.	12	»
Legout. Arithmétique, in-18. — *Sarlit*.	»	25
Legout. Géométrie pratique, in-18. — *Sarlit*	»	25
Lenoir. Mathématiques, in-12. — *Alcan*	5	»
Leyssenne. Année préparatoire d'arithmétique, in-12. *Colin*	»	60

	fr. c.
Leyssenne. Première année d'arithmétique, in-12. — *Colin*	» 80
Leyssenne. Première année d'arithmétique, partie du maître, réponses. — *Colin*	» 30
Leyssenne. Deuxième année d'arithmétique, in-12. — *Colin*	1 70
Leyssenne. Deuxième année d'arithmétique, partie du maître, in-12. — *Colin*	2 50
Leyssenne et Barbier. Tableaux muraux de géométrie, montés sur toile, avec gorge et rouleau. — *Colin*	12 »
Leyssenne et Bousquet. Exercices et problèmes de première année, in-12. — *Colin*	» 75
Leyssenne et Bousquet. Exercices et problèmes de première année, partie du maître, in-12. — *Colin*	1 60
Leyssenne et Cuir. Exercices et problèmes de deuxième année, in-12. — *Colin*	» 80
Leyssenne et Cuir. Exercices et problèmes de deuxième année, partie du maître, in-12. — *Colin*	1 80
Logarithmes (tables des) à cinq décimales, in-12. — *Mame et Poussielgue*	1 75
Lucas (Edouard). Récréations mathématiques, 2 vol. petit in-18. — *Gauthier-Villars*	15 »
Mannheim (A). Cours de géométrie descriptive de l'école polytechnique, gr. in-8. — *Gauthier-Villars*	17 »
Margerie. Algèbre numérale, in-18. — *Masson*	2 »
Marie (Maximilien). Histoire des sciences mathématiques et physiques, petit in-8, 5 vol. parus. — *Gauthier-Villars*	30 »
Mécanique (éléments de), in-12. — *Mame et Poussielgue.*	3 50
Mécanique (problèmes de), in-12. — *Mame et Poussielgue.*	7 »
Meifredy (H.). La comptabilité enseignée, cinq cahiers dans un carton. — *Picard-Bernheim*	1 50
Meifredy (H.). Traité de comptabilité, in-8. — *Picard-Bernheim*	2 »
Morienne. Cours d'arithmétique, première année, in-12. *Dupont*	1 50

	fr.	c.
M. P. La cosmographie, la géognosie, et la météorologie, in-12. — *Sarlit.*	»	80
Parinet. Arithmétique théorique et pratique, in-12. — *Poussielgue.*	3	»
Parinet. Cours d'algèbre, in-12. — *Poussielgue.* . . .	2	25
Parinet. Eléments de géométrie, spéciaux aux baccalauréats ès lettres et ès sciences, in-12. — *Poussielgue.*	5	50
Parinet. Trigonométrie, in-12. — *Palmé.*	1	50
Pichot. Algèbre élémentaire, in-16. — *Hachette.* . . .	2	50
Pichot. Arithmétique et géométrie, à l'usage de l'enseignement secondaire des jeunes filles, 2 vol. in-16. — *Hachette.*	4	»
Pichot. Géométrie usuelle, in-16. — *Hachette*	1	25
Pichot. Traité élémentaire de cosmographie, in-8. — *Hachette.*	6	»
Piolet. Cosmographie, in-12. — *Palmé.*	4	»
Pizzighelli et Hübl. La platinotypie, traduction de Henry Gauthier-Villars, in-8. — *Gauthier-Villars* . .	3	50
Plessix. L'astronomie de la jeunesse, in-18 rel. — *Plon.*	5	»
Porchon. Cours de cosmographie, in-8. — *Alcan.* . .	7	»
Porchon. Cours élémentaire d'arithmétique et de géométrie, in-12. — *Alcan.*	2	»
Porchon. Eléments d'algèbre, in-12. — *Alcan*	3	»
Porchon. Eléments d'arithmétique, in-12. — *Alcan* . .	2	»
Porchon. Eléments de cosmographie, in-12. — *Alcan.*	3	50
Porchon. Eléments de géométrie, in-12. — *Alcan* . .	3	50
Pruvost. Géométrie analytique, in-8. — *Dupont* . . .	7	»
Rebière. Eléments de calcul, in-12. — *Dupont*	1	50
Rebière. Premières notions de géométrie, in-12. — *Dupont*	1	60
Rebière. Trigonométrie, in-8. — *Alcan*	5	50
Rebière et Monniot. Eléments d'arithmétique, in-12. *Dupont*	2	50
Recueil de problèmes, livre de l'élève, in-12. — *Mame et Poussielgue.*	1	85
Le même, livre du maître, in-8. *Mame et Poussielgue.*	6	25

	fr.	c.
Résal (H.). Traité de mécanique céleste, in-4. — *Gauthier-Villars*	25	»
Reynaud. Éléments d'algèbre, in-12. — *Delalain*	3	50
Reynaud. Éléments d'arithmétique, in-12. — *Delalain.*	3	»
Rouché (Eugène) et **Comberousse** (Ch. de). Traité de géométrie, in-8. — *Gauthier-Villars*	16	»
Saint-Germain. Cours d'algèbre, classe de seconde, in-12. — *Dupont*	2	50
Saint-Germain. Cours d'algèbre, classe de troisième, in-12. — *Dupont*	2	»
Salmon (G.). Traité de géométrie analytique (courbes planes), in-8. — *Gauthier-Villars*	12	»
Sergent. Traité pratique et complet de tous les mesurages, métrages, jaugeages de tous les corps, 2 vol. de texte in-8 et atlas de 59 planches. — *Des Fossez.*	50	»
Sinot. Arithmétique élémentaire, in-12. — *Poussielgue.*	2	»
Souchon. (Abel). Traité d'astronomie pratique, gr. in-8. *Gauthier-Villars*	15	»
Système métrique (petit), livre de l'élève, in-18. — *Mame et Poussielgue*	»	35
Le même, livre du maître, in-18. *Mame et Poussielgue.*	»	70
Système métrique et petite arithmétique, in-18. — *Mame et Poussielgue*	»	55
Tarnier. Petit traité de géométrie pratique, in-12. — *Delalain*	2	50
Tenue des livres, cours élémentaire, livre de l'élève, in-12. — *Mame et Poussielgue*	»	70
Le même, livre du maître, in-12. — *Mame et Poussielgue*	1	70
Tenue des livres, cours supérieur, livre de l'élève, in-12. *Mame et Poussielgue*	1	90
Le même, livre du maître, in-12. *Mame et Poussielgue*	4	75
Trigonométrie rectiligne (éléments de), in-12. — *Mame et Poussielgue*	1	75
Vacquant. Notions de géométrie élémentaire, in-18. — *Masson*	2	80

fr. c.

Vintéjoux. Eléments d'arithmétique et de géométrie, 2 vol. in-16. — *Hachette* :

Cours élémentaire, 1 vol. . . . . » 60

Cours moyen, 1 vol. . . . . » 90

IX. — SCIENCES PHYSIQUES, NATURELLES ET AGRICOLES

Albert-Lévy. Premiers éléments des sciences expérimentales, in-16. — *Hachette*. 2 50

Baillon. Cours élémentaire de botanique, in-16. — *Hachette*. . . . . 3 »

Barbou (Alfred). Le chien, son histoire, ses exploits, ses aventures, in-8. — *Jouvet*. . . . . 10 »

Barral et Sagnier. Cours d'agriculture et d'horticulture, 3 vol. in-16. — *Hachette* :

Cours élémentaire, 1 vol. . . . . » 60

Cours moyen, 1 vol. . . . . » 90

Cours supérieur, 1 vol 1 50

Becquerel père. Eléments d'électro-chimie, in-8, rel. *Didot*. . . . . 10 »

Becquerel père. Traité d'électricité et de magnétisme, 7 vol. in-8 et atlas, rel. — *Didot* . . . . 96 »

Becquerel père et fils. Traité d'électricité et de magnétisme, 3 vol. in-8, rel. — *Didot*. . . . . 30 »

Bert (Paul). Anatomie et physiologie, in-18. — *Masson*. 3 50

Bert (Paul). Deuxième année d'enseignement scientifique, in-12. — *Colin*. 1 50

Bert (Paul). Notions de zoologie, in-18. — *Masson*. . . 2 50

Berthelot. La synthèse chimique, in-8. — *Alcan* . . . 6 »

Bleunard. Lectures sur la physique et la chimie, in 8 illustré. — *Masson*.. . . . . 8 »

	fr. c.
Bonnier. Animaux, in-12. — *Dupont.*	2 25
Bonnier. Botanique, première année, in-12. — *Dupont.*	2 25
Bonnier. Eléments des sciences physiques et naturelles, cours élémentaire, in-12. — *Dupont.*	» 80
Bonnier. Eléments des sciences physiques et naturelles, cours moyen, in-12. — *Dupont.*	1 25
Bonnier. Pierres et terrains, in-12. — *Dupont*	2 25
Bonnier. Végétaux, in-12. — *Dupont*	2 25
Bonnier. Zoologie, première année, in-12. — *Dupont.*	2 25
Boreau et Lartigue. Cours méthodique d'histoire naturelle, in-12. — *Palmé.*	2 50
Bouant. — Cours de physique et chimie, première année des écoles normales primaires d'instituteurs, in-12. — *Delalain*	2 50
Bouant. Cours de physique et chimie, deuxième année des écoles normales primaires d'instituteurs, in-12. — *Delalain*	4 »
Bouant. Cours de physique et chimie, troisième année des écoles normales primaires d'instituteurs, in-12. — *Delalain.*	4 »
Bouant. Cours de physique et chimie, deuxième année des écoles normales primaires d'institutrices, in-12. — *Delalain*	3 »
Bouant. Cours de physique et chimie, troisième année des écoles normales primaires d'institutrices, in-12. — *Delalain.*	4 »
Bouant. Éléments usuels des sciences physiques et naturelles, cours élémentaire, in-12. — *Delalain* . . .	1 »
Bouant. Éléments usuels des sciences physiques et naturelles, cours moyen, in-12. — *Delalain*	1 25
Bouant. Éléments usuels des sciences physiques et naturelles, cours supérieur, in-12. — *Delalain*	1 25
Bouant. Premiers éléments des sciences expérimentales et histoire naturelle des pierres et des terrains, in-12. *Delalain.*	2 50

	fr.	c.
Bourassé (l'abbé J.-J.). Les insectes, petit in-8 illustré. — *Mame*	1	60
Boutet de Monvel. Notions de chimie, in-16. — *Hachette*	2	50
Bouvier (Dr). Flore des Alpes, cart. — *Didot*	14	»
Brehm (A.-E.). Les merveilles de la nature, l'homme et les animaux, les insectes, édition française par Hunckel et d'Herculais, 2 vol. in-8, avec planches hors texte et 1800 figures dans le texte. — *Baillière*	22	»
Buffon et Lacépède. Histoire naturelle, gr. in-8 illust. *Mame*	4	70
Candolle (de). Plantes cultivées, in-8. — *Alcan*	8	»
Cauvet (D.). Cours élémentaire de botanique, in-18, avec figures. — *Baillière*	4	»
Cherville (marquis de). Histoire naturelle en actions, in-4. — *Didot*	7	»
Dana. Manuel du géologue, in-18, avec figures. *Hetzel.*	4	»
Dufet. Cours élémentaire de physique, in-12. — *Alcan.*	10	»
Duchartre. Eléments de botanique, in-8, avec 541 figures. — *Baillière*	20	»
Duval et Lereboullet. Manuel du microscope, in-18. *Masson*	6	»
E. C. (l'abbé). Histoire naturelle, botanique, in-16. — *Poussielgue*	2	50
E. C. (l'abbé). Histoire naturelle, zoologie, 2 vol. in-16. *Poussielgue* :		
Tome Ier, Anatomie et physiologie	2	50
Tome II, Classification et description	2	50
Emery. Cours de botanique, in-18. — *Masson*	6	»
Emery. Notions de botanique, in-18. — *Masson*	2	80
Fernet. Cours de physique, 4 vol. in-18. — *Masson*	9	30
Fernet. Notions de physique et de chimie, in-18. — *Masson*	2	50
Fernet. Précis de physique, in-18. — *Masson*	3	»
Fernet. Traité élémentaire de physique, petit in-8. — *Masson*	8	»

	fr.	c.
Figuier (Louis). Les merveilles de la science ou description populaire des inventions modernes, 4 vol. grand in-8. — *Jouvet*	40	»
Chaque volume séparément	10	»
Figuier (Louis). Les merveilles de l'industrie ou description populaire des procédés industriels, 4 vol. grand in-8. — *Jouvet*	40	»
Chaque volume séparément	10	»
Filhol. Zoologie, in-12. — *Dupont*	3	50
Focillon. Expériences et instruments de physique, in-8 illustré. — *Mame*	2	30
Focillon. La chimie, in-8 illustré. — *Mame*	2	30
Ganot. Traité élémentaire de physique, in-16. — *Hachette*	8	»
Gauthier (L.-M.). Les champignons, grand in-8, avec 16 planches chromolithographiées et 195 figures dans le texte. — *Baillière*	24	»
Gérardin. Les bêtes, in-18. — *Masson*	3	»
Gérardin. Les plantes, in-18. — *Masson*	2	50
Gervais. Cours élémentaire d'histoire naturelle, 2 vol. in-16. — *Hachette*	6	»
Gervais (P.-H.). Nouvelles planches murales d'histoire, avec texte, 62 feuilles. — *Masson*	180	»
Les mêmes, montées sur toile	360	»
Les mêmes, texte explicatif, in-18	3	»
Girard (M.). Les insectes, traité élémentaire d'entomologie, 3 vol. in-8 et atlas, avec figures noires. — *Baillière*	70	»
Le même, avec figures coloriées	130	»
Gosselet. Botanique, in-12. — *Belin*	3	50
Gosselet. Géologie, in-12. — *Belin*	2	50
Gossin. Cours de physique, à l'usage de l'enseignement secondaire spécial, in-16. — *Hachette*	30	»
Gossin. Cours élémentaire de physique, à l'usage de l'enseignement secondaire des jeunes filles, 3 vol. in-16. — *Hachette*	7	40

	fr.	c.
Grimard. La plante, in-8 illustré. — *Hetzel.*	7	»
Gripon. Cours complet de physique, in-12. — *Belin.* .	5	50
Hébert. Notions de géologie, in-18. — *Masson*	2	»
Henrion. Les oiseaux, les insectes, in-12. — *Dupont.* .	1	25
Hospitalier. L'électricité dans la maison, in-8 illustré. *Masson*	13	»
Hospitalier. Les principales applications de l'électricité, in-8 illustré. — *Masson*	13	»
Hugot (Victor). Petit traité complet d'agriculture et d'horticulture, in-12. — *Ducrocq*.	1	50
Jamin (J.). Cours de physique de l'école polytechnique, 4 vol. in-8. — *Gauthier-Villars*.	67	»
Jenkin (Fleeming). Electricité et magnétisme, petit in-8. — *Gauthier-Villars*.	12	»
Joly. Chimie à l'usage de l'enseignement secondaire spécial, in-16. — *Hachette*	3	»
Kiener (L.-C.) et **Fischer.** Spécies général et iconographie des coquilles vivantes, 12 vol. in-8 avec 902 planches coloriées. — *Baillière*.	900	»
Séparément le genre Troque, 480 pages, 120 pl. coloriées.	140	»
Lambert (Ed.). Traité pratique de botanique, petit in-8 relié. — *Didot*.	6	»
Lambotte (Léopold). Le carnet scientifique, renfermant : 1° l'univers intrasidéral; 2° le monde solaire; 3° l'atmosphère; 4° la terre, in-8. — *Cluesen*.	3	50
Langlebert. Cours de chimie, in-12. — *Delalain*. . .	4	»
Langlebert. Cours d'histoire naturelle, in-12. — *Delalain*.	4	»
Langlebert. Cours de physique, in-12. — *Delalain* . .	4	»
Langlebert. Éléments de géologie et de botanique, in-12. — *Delalain*	3	25
Langlebert. Éléments de zoologie, in-12. — *Delalain*.	2	25
Lavallée (A.). Arboretum segrezianum, livraisons 1 à 5, in-4, avec 30 planches gravées. — *Baillière*	50	»

	fr.	c.
Lavallée. Les clématites à grandes fleurs, in-4, avec 24 planches lithographiées d'après nature. — *Baillière.*	40	»
Lefebvre. Leçons élémentaires de physique et de chimie, in-12. — *Alcan.*	3	50
Lefebvre. Sciences expérimentales, in-12. — *Alcan.* .	3	»
Le Maout et J. Decaisne. Traité général de botanique descriptive et analytique, in-4. — *Didot.*	35	»
Lemonnier. Cours élémentaire d'anatomie et de physiologie végétales, in-12. — *Alcan.*	3	»
Lemonnier. Cours élémentaire de botanique, in-12. — *Alcan.*	2	50
Lemonnier. Dix leçons de botanique, in-12. — *Alcan.*	1	50
Lenoir. Chimie élémentaire, in-12. — *Alcan.*	5	»
Lenoir. Histoire naturelle élémentaire, in-12. — *Alcan.*	5	»
Lenoir. Physique élémentaire, in-12. — *Alcan.* . . .	6	»
Loridan. Éléments de chimie, in-18. — *Poussielgue.*	3	»
Lucas (Hippolyte). Nids, tanières et terriers (les architectes de la nature), in-8. — *Jouvet.*	10	»
Mangin. Éléments de botanique, à l'usage de l'enseignement secondaire des jeunes filles, in-16. — *Hachette.*	3	»
Marey. La machine animale, in-8. — *Alcan.*	6	»
Margottet. Chimie, à l'usage de l'enseignement secondaire des jeunes filles, 1 vol. in-16. — *Hachette.* . . .	1	50
Mathieu (Emile). Théorie de la capillarité, in-4. — *Gauthier-Villars.*	10	»
Meunier (St.). Anatomie et physiologie, in-18. — *Masson.*	4	»
Meunier (St.). Notions de géologie, in-18. — *Masson.* .	2	25
Meunier (St.). Pierres et terrains, in-18. — *Masson.* . .	2	»
Milne-Edwards. Anatomie et physiologie, in-18. — *Masson.*	3	50
Milne-Edwards. Précis d'histoire naturelle, in-18. — *Masson*	3	»
Milne-Edwards. Zoologie, in-18. — *Masson.*	3	50

	fr.	c.
Miquel (P.). Les organismes vivants de l'atmosphère, in-8. — *Gauthier-Villars*.	9	50
Mongis (Théophile). Botanique élémentaire des écoles, in-12. — *Sarlit*.	1	25
Nature (la), revue des sciences, illustrée, par Gaston Tissandier, 1884, 1er semestre; gr. in-8. — *Masson*. .	13	50
Naudet. Simples causeries agricoles, in-12. — *Sarlit*.	1	50
Pellat. Physique, à l'usage de la classe de mathématiques spéciales, 1er fascicule, in-8. — *Dupont*.	7	»
Pellat. Physique, à l'usage de la classe de mathématiques, 2e fascicule, in-8. — *Dupont*.	7	»
Perrier. Eléments d'anatomie, in-16. — *Hachette*. . .	3	»
Perrier. Eléments de zoologie, in-16. — *Hachette*. . .	3	»
Perrier. Philosophie zoologique, in-8. — *Alcan*. . . .	6	»
Pisani. Analyse chimique, in-8. — *Alcan*.	4	»
Pisani et Dirwell. La chimie du laboratoire, in-18. *Alcan*.	5	50
Pizzetta (J.). Le feu et l'eau, in-18. — *Hennuyer*. . .	4	50
Pizzetta (J.). Plantes et bêtes, in-8. — *Hennuyer*. . . .	10	»
Privat-Deschanel et Pichot. Notions élémentaires de physique, in-16. — *Hachette*	5	»
Quatrefages. L'espèce humaine, in-8. — *Alcan*. . . .	6	»
Quatrefages. Hommes fossiles et hommes sauvages, gr. in-8, avec 150 figures dans le texte et une carte, cartonné. — *Baillière*.	18	»
Quatrefages et Hamy. Les crânes des races humaines, in-4, avec 100 planches lithographiées et figures dans le texte. — *Baillière*	160	»
Regodt. Notions de chimie, in-12. — *Delalain*. . . .	1	75
Regodt. Notions d'histoire naturelle, in-12. — *Delalain*	2	25
Regodt. Notions de physique, in-12. — *Delalain*. . .	2	25
Resal (H.). Physique mathématique, in-4. — *Gauthier-Villars*	15	»
Rochas (de). Les origines de la science, in-8, illustré. *Masson*	13	»

	fr.	c.
Sachot (O.). Curiosités zoologiques et botaniques, in-12. *Ducrocq*	3	50
Saffray (Dr). Eléments usuels des sciences physiques et naturelles, 6 vol. in-16. — *Hachette :*		
Cours élémentaire, livre de l'élève, 1 vol.	»	60
Cours élémentaire, livre du maître, 1 vol.	1	50
Cours moyen, livre de l'élève, 1 vol.	»	90
Cours moyen, livre du maître, 1 vol.	1	50
Cours supérieur, livre de l'élève, 1 vol.	1	50
Cours supérieur, livre du maître, 1 vol.	2	50
Saporta et Marion. Evolution du règne végétal, les cryptogames, in-8. — *Alcan*	6	»
Schribaux et Nanot. Eléments de botanique agricole, in-18, avec 262 figures dans le texte et une carte. — *Baillière*	7	»
Schutzenberger. Les fermentations, in-8. — *Alcan*	6	»
Scianna. Moteurs industriels, in-18. — *Masson*	6	»
Science et nature, revue internationale illustrée paraissant tous les samedis, gr. in-8. — *Baillière :*		
Union postale, un an	32	»
Séguin. Chimie, classe de philosophie, in-12. *Dupont*	3	»
Séguin. Chimie, classe de sixième, in-12. — *Dupont*	1	50
Séguin. Physique, classe de sixième, in-12. — *Dupont*	2	25
Séguin. Physique, classe de troisième, in-12. — *Dupont*	3	»
Sicard (H.). Eléments de zoologie, in-8, avec 758 fig., cart. — *Baillière*	20	»
Société française de physique, collection de mémoires sur la physique, tome I, mémoires de Coulomb, gr. in-8. — *Gauthier-Villars*	12	»
Stallo. La matière et la physique moderne, in-8. — *Alcan*	6	»
Tableaux d'histoire naturelle, nouvelle série : zoologie, par MM. Perrier et Gervais ; botanique, par MM. Bonnier et Mangin ; 60 tableaux. — *Masson.*		
Chaque tableau monté sur toile, gorge et rouleau.	10	»

	fr.	c.
Troost. Précis de chimie, in-18. — *Masson*.	3	»
Troost. Traité élémentaire de chimie, petit in-8. — *Masson*.	8	»
Trutat (E.). La photographie appliquée à l'histoire naturelle, in-18. — *Gauthier-Villars*.	4	50
Trutat (E.). Traité élémentaire du microscope, in-8. *Gauthier-Villars*	8	»
Ysabeau. Cours pratique d'agriculture, 4 vol. in-12. — *Dupont*	6	»
Witz (Aimé). Cours de manipulations de physique, préparatoire à la licence, in-8. — *Gauthiers-Villars* . .	12	»
Würtz. Leçons de chimie moderne, in-18. — *Masson*.	9	»
Würtz. Théorie atomique, in-18. — *Alcan*.	6	»

X. — PÉDAGOGIE, MORALE, PHILOSOPHIE

Ami de l'enfance (l'), journal mensuel des écoles maternelles, gr. in-8. — *Hachette*, prix annuel.	5	»
Annuaire de l'Instruction publique, année 1884, in-8. — *Delalain*	7	50
A. P. Petite civilité des écoles, in-18. — *Sarlit*.	»	60
Bellarmin et Guillois. Petit catéchisme universel, in-12. *Palmé*.	1	»
Bossuet. Logique et psychologie, in-12. — *Sarlit*. . .	»	80
Bray (Marie de). Premières leçons de politesse mises à la portée des plus jeunes enfants, in-18. — *Sarlit* . .	»	60
Bray (Marie de). Premiers enseignements chrétiens, in-18. *Sarlit*.	»	60
Burdeau (A.). L'instruction morale à l'école, in-18. — *Picard-Bernheim*	»	80
Cahiers d'une élève de Saint-Denis. Cours complet et gradué d'éducation, par deux anciennes élèves de la maison de la « Légion d'honneur » et par Louis Baude, 17 vol. in-18. — *Hetzel*.	57	»

	fr.	c.
Charles (E.). Eléments de philosophie, tome Ier, psychologie, in-8. — *Belin*	7	50
Charles (E.). Lectures de philosophie, 2 vol. in-12. — *Belin*	8	»
Chasteau (Mme L.). Leçons de pédagogie, in-18. — *Picard-Bernheim*	3	50
Conférences pédagogiques. — *Dupont*	2	»
Cousin (V.). Du vrai, du beau, du bien, in-12. — *Perrin*	5	50
Cousin (V.). Histoire générale de la philosophie, depuis les temps les plus anciens jusqu'au XIXe siècle, in-8. — *Perrin*.	11	»
Daumas (V.). Manuel de religion, d'histoire et de géographie sacrées, in-12. — *Palmé*	3	»
Dictionnaire de pédagogie et d'instruction primaire, publié sous la direction de M. Buisson avec le concours d'un grand nombre de collaborateurs et composé de 2 parties, in-8. — *Hachette* :		
La première partie (partie générale ou théorique) comprend les doctrines, la législation et l'histoire de l'enseignement, elle formera, 2 vol. in-8	40	»
La deuxième partie (partie spéciale ou pratique) est complète en 2 vol. in-8.	38	»
Drohojowska (Mme la comtesse). De la politesse au pensionnat, in-18. — *Sarlit*.	1	»
Drohojowska (Mme la comtesse). Politesse et bon ton, in-12. — *Sarlit*.	2	»
Dupanloup (Mgr). Nouvelles œuvres choisies, controverse sur l'éducation des filles, in-8, rel. — *Plon*	9	50
Gérande (G. de). Morale pratique, in-8. — *Mame* . . .	2	90
Gréard. Enseignement secondaire des jeunes filles, in-8. — *Delalain*.	7	»
Instruction primaire (l'). Sixième année, in-8. — *Belin* .	5	25
Horner. Guide pratique de l'instituteur, in-18. — *Poussielgue*.	2	50
Joly. Éléments de morale et de psychologie, in-12. — *Delalain*.	2	50

	fr.	c.
Joly. Notions de pédagogie, in-12. — *Delalain.* . . .	3	»
Jourdy. Patriotisme à l'école, in-12. — *Alcan.*	1	75
Laloi. Première année d'instruction morale et civique, in-12. — *Colin*	»	90
Leboux. Catéchisme en images (le grand), à l'usage de tous les diocèses, in-8. — *Sarlit*	3	50
Leboux. Catéchisme en images (le petit) in-8. — *Sarlit.*	1	25
Leçons élémentaires de pédagogie, in-12. — *Dupont.* .	2	»
Leibnitz. Monadologie, in-12. — *Palmé*	1	50
Lettres et opuscules pédagogiques, in-18. — *Poussielgue.*	2	25
Liard. — Logique, in-18. — *Masson.*	2	»
Littré. La science au point de vue philosophique, in-12. *Perrin.*	6	»
Lois et programmes de l'enseignement primaire, in-8. *Dupont*	2	»
Mabilleau. Cours d'instruction morale, 2 vol. in-16. — *Hachette:*		
Instruction morale, cours élémentaire et moyen, in-16.	»	60
Instruction morale, cours supérieur, in-16	»	90
Maintenon (Mme de). Extraits de ses lettres sur l'éducation, avec introduction par O. Gréard, in-16. — *Hachette*	2	50
Manuel général de l'instruction primaire, journal hebdomadaire des instituteurs et des institutrices, in-8. — *Hachette.*		
Prix de l'abonnement pour un an	6	»
Marion. La solidarité morale, in-8. — *Alcan.*	6	»
Marion. Leçons de morale, in-18. — *Colin.*	4	»
Marion. Leçons de psychologie, in-18. — *Colin*	4	50
Monternault (Mme). Simples récits sur l'ancien et le nouveau testament, in-18. — *Hachette*	1	50
Mortimer d'Ocagne. Les grandes écoles de France, in-18. — *Hetzel*	3	»
Pérez (Bernard). Education dès le berceau, in-8. — *Alcan.*	5	»

	fr.	c.
Pérez (Bernard). Psychologie de l'enfant, in-12. *Alcan.*	3	50
Pichard. Nouveau code de l'instruction primaire, in-16. *Hachette.*	5	»
Plâtrier. Nouveau cours d'études primaires. — *Dupont.*	»	25
Pontsevrez. Cours de morale, in-16. — *Hachette*	3	»
Principes d'éducation et d'enseignement, in-18. — *Poussielgue.*	1	50
Rabelais et Montaigne. Chapitres relatifs à l'éducation, avec notes par M. E. Talbot, in-12. — *Delalain.*	2	50
Rabier (E.). Leçons de philosophie, psychologie, in-8. *Hachette.*	7	50
Rapet. Cours d'études, partie du maître, gr. in-8. — *Dupont*	4	»
Raymond (Emmeline). Education et morale pour tous les âges, in-18. — *Didot.*	4	»
Raymond (Emmeline). La civilité non puérile, mais honnête, in-18. — *Didot*	5	»
Recueil des lois et actes de l'instruction publique, 37e année, 1884, in-8. — *Delalain.* L'année.	6	»
Régnault (R. P.). Cours de philosophie, in-8. — *Poussielgue.*	5	»
Regnault (R. P.). Histoire de la philosophie, in-8. — *Poussielgue*	2	»
Revue internationale de l'enseignement supérieur, nos 1 à 11 (1884), gr. in-8. — *Masson.* L'année	24	»
Ribot. Hérédité psychologique, in-8. — *Alcan*	8	50
Ribot. Maladies de la mémoire, in-12. — *Alcan*	3	»
Ribot. Maladies de la volonté, in-18. — *Alcan.*	3	»
Rozan (Ch.). Au milieu des hommes, in-12. — *Ducrocq.*	5	»
Rozan (Ch.). La bonté, in-12. — *Ducrocq.*	5	»
Rozan (Ch.) La jeune fille, in-12. — *Ducrocq*	5	»
Rozan (Ch.). Le jeune homme, in-12. — *Ducrocq*	5	»
Schuwer (Charles). Simples notions de morale civique, gr. in-32. — *Charavay.*	»	50
Spencer. Education physique, morale et intellectuelle, in-8. — *Alcan.*	5	»

XI. — ENSEIGNEMENT CIVIQUE, DROIT

LÉGISLATION

	fr.	c.
Bert (Paul). L'instruction civique à l'école, in-18. — *Picard-Bernheim*	1	»
Block (Maurice). Entretiens familiers sur l'administration de notre pays : l'agriculture, in-16. — *Hetzel*. .	1	50
Block (Maurice). Entretiens familiers sur l'administration de notre pays : le budget, in-16. — *Hetzel*. . .	1	50
Block (Maurice). Entretiens familiers sur l'administration de notre pays : le commerce, in-16. — *Hetzel* . .	1	50
Block (Maurice). Entretiens familiers sur l'administration de notre pays : la commune, in-16. — *Hetzel*. .	1	50
Block (Maurice). Entretiens familiers sur l'administration de notre pays : le département, in-16. — *Hetzel*.	1	50
Block (Maurice). Entretiens familiers sur l'administration de notre pays : la France, in-16. — *Hetzel*. . .	1	50
Block (Maurice). Entretiens familiers sur l'administration de notre pays : l'impôt, in-16. — *Hetzel*	1	50
Block (Maurice). Entretiens familiers sur l'administration de notre pays : l'industrie, in-16. — *Hetzel*. . .	1	50
Block (Maurice). Entretiens familiers sur l'administration de notre pays : Paris, institutions administratives, in-16. — *Hetzel*.	1	50
Block (Maurice). Entretiens familiers sur l'administration de notre pays : Paris, organisation municipale, in-16. — *Hetzel*	1	50
Block (Maurice). Petit manuel d'économie pratique, in-16. — *Hetzel*	1	50
Carré (A.). Nos petits procès, in-18. — *Hennuyer* . . .	4	50
Chassaing. Notions usuelles de droit civil, in-12. — *Delalain*.	3	»

fr. c.

Colmet de Santerre. Manuel élémentaire de droit civil, tome Ier, matières du premier examen, in-18, relié. — *Plon* 6 50

Dareste (R.) Les plaidoyers civils de Démosthène, traduits en français, avec arguments et notes, 2 vol. in-12, rel. — *Plon* . . . . 14 »

Dareste (R.). Les plaidoyers politiques de Démosthène, traduits en français, avec arguments et notes, 2 vol. in-12, rel. — *Plon* . . . . 8 »

Demante (A.). Cours analytique de code civil continué depuis l'art. 980, par E. Colmet de Santerre, 9 vol. in-8, rel. — *Plon* :

Tome Ier (art. 1 à 311). Traité des personnes . . . 10 »

Tome II (art. 312 à 710) — — (suite). 11 »

Tome III (art. 711 à 892). Traité des successions. . 9 50

Tome IV (art. 893 à 1100). Traité des donations entre vifs et des testaments. . . . . 10 »

Tome V (art. 1101 à 1386). Traité des contrats et des obligations conventionnelles en général . . . . . . 11 »

Tome VI (art. 1387 à 1581). Traité du contrat de mariage . . . . 10 »

Tome VII (art. 1582 à 1831). La vente, l'échange et le louage 9 50

Tome VIII (art. 1832 à 2091, 2219 à 2281. Les contrats divers et les prescriptions . . . . 11 »

Tome IX (art. 2092 à 2218). Traité des privilèges et des hypothèques. . . . . 10 »

Enseignement civique, in-12. — *Mame et Poussielgue*. . » 90

Guichard (V.). Conférence sur le code civil, in-16. — *Hetzel*. 1 50

Hutinel. Catéchisme d'instruction civique, in-18. *Sarlit*. » 60

Jourdan. Le droit français, in-8, rel. — *Plon*. . . . . 10 »

Lamarche (A.-P. de). Nos devoirs et nos droits, in-18. *Picard-Bernheim* 1 25

Le Senne (N.-M.). Droits et devoirs de la femme devant la loi française, petit in-8. — *Hennuyer* . . . . . . 7 »

	fr. c.
Loth (Arthur). Le petit livre du jeune Français, in-12. *Palmé*	1 50
Loth (Arthur). Le livre du jeune Français, in-12. — *Palmé*	2 50
Mabilleau. Cours d'instruction civique, 2 vol. in-16. — *Hachette* :	
Cours élémentaire et moyen, in-16	» 60
Cours supérieur, in-16	1 50
Mager. Cours de législation commerciale, industrielle et financière, in-12. — *Delalain*	4 »
Massy (Mme Henriette). Notions d'éducation civique à l'usage des jeunes filles, in-12. — *Picard-Bernheim*	1 10
Ortolan. Eléments de droit pénal, 2 vol. in-8, relié. *Plon*	22 »
Ortolan. Législation romaine, tome Ier, histoire de la législation romaine, in-8, relié. — *Plon*	10 »
Ortolan. Législation romaine, tomes II et III, explication historique des institutes de l'empereur Justinien, 2 vol. in-8, relié. — *Plon*	20 »
Reverdy et A. Burdeau. Le droit usuel et l'économie politique à l'école, in-12, cart. — *Picard-Bernheim*	1 20
Rogron. Les codes français expliqués, code de commerce expliqué, gr. in-18, relié. — *Plon*	11 50
Sorel et Funck-Brentano. Précis du droit des gens, in-8, relié. — *Plon*	10 »

XII. — DESSIN, ARCHITECTURE

Adhémar (J.). Traité des ombres, 1 vol. in-8, av. atlas in-folio. — *Colin*	22 »
Adhémar (J.). Traité de perspective linéaire, 1 vol. in-8, avec atlas in-folio. — *Colin*	34 »
Audran. Proportions du corps humain, 30 planches in-folio, avec texte explicatif, cart. — *Des Fossez*	9 »

fr. c.

Bajot (E.). Intérieurs d'appartements, meubles dans les styles du xve au xviie siècle, 25 planches en phototypie, in-folio. — *Claesen*. 62 50

Bléry (Eug.). Fleurs exotiques et de serre, dessinées d'après nature et lithographiées, 10 planches in-folio. *Claesen* . . . . 10 »

Bosc. Traité complet, théorique et pratique, du chauffage et de la ventilation, in-8, relié. — *Des Fossez* . . 24 »

Bourgerel. Fragments d'architecture et de sculpture, planches in-folio en carton. — *Des Fossez*. . . . . . 50 »

Bourgoin. Théorie de l'ornement, in-8. — *Ducher* . . 20 »

Boussard. Petites habitations françaises, 100 planches grand in-4 et texte in-4, relié. — *Des Fossez* . . . . 155 »

Boutereau. Manuel du dessinateur, 1 vol. in-18 avec atlas. — *Roret*. 5 »

Capeinick (J.). Tableaux et panneaux décoratifs de fleurs, première série, 25 planches in-folio. — *Claesen*. 40 »

Carpey (P.-J.). Tableaux décoratifs comprenant plafonds, panneaux, allégories, groupes, attributs. — *Claesen* :

Première série : 21 planches in-folio en photographie . . . . 55 »

Deuxième série : 12 planches in-folio en photographie . . . . 30 »

Troisième série : 12 planches in-folio en photographie . . . . 30 »

Cerfberr de Médelsheim. L'architecture en France : histoire des monuments civils et religieux à travers les styles et les temps, in-16. — *Jouvet*. 2 25

Cernesson. Grammaire élémentaire du dessin, in-4. — *Ducher* . . . . 30 »

Cernesson. Grammaire élémentaire du dessin : cahiers des élèves, in-4. — *Ducher*. . . . . 25 »

Chabat. Dictionnaire des termes employés dans la construction, 4 vol. grand in-8, relié. — *Des Fossez*. . . . . 136 »

fr. c.

Chabat. Meubles, première partie : ébénisterie, 100 planches in-4, avec texte explicatif illustré, relié. — *Des Fossez*. 70 »

Chabat. Meubles, deuxième partie : menuiserie, 120 planches in-4, avec texte explicatif illustré, relié. — *Des Fossez*. . . . . 85 »

Château (Léon). Histoire de l'architecture en France, in-18, relié. — *Des Fossez*. 10 50

Clerget. Mélanges d'ornements, séries 1 et 2, in-folio. *Ducher* . . . . 90 »

Colin (P.). Etudes de dessin, d'après les grands maîtres, 1 album in-folio. — *Hetzel*. . . . . 20 »

Collections diverses de chromolithographies. — *Bouasse-Lebel*. . . . . Prix divers

Collections diverses de gravures en taille-douce. — *Bouasse-Lebel* . . . . Prix divers

Cornu. Cours élémentaire et gradué du dessin de la figure humaine, 30 feuilles in-folio, avec explication des planches. — *Des Fossez*. . . . . 10 »

Cougny. Enseignement du dessin, 40 planches in-folio. *Des Fossez*. . . . . 5 »

Daly. L'architecture privée au XIXe siècle, troisième série, 2 vol. in-folio. — *Ducher* . . . . 400 »

Daly. Motifs historiques d'architecture et de sculpture d'ornements, deuxième série, 2 vol. in-folio. — *Ducher* 330 »

Daly. Motifs de serrurerie, 2 vol. in-folio. — *Ducher*. . 60 »

Darchez. Cours de dessin géométrique, première partie, in-4. — *Belin* . . . . 3 »

Darchez. Cours de dessin géométrique, deuxième partie, in-4. — *Belin* . . . . 4 »

Despois de Folleville. L'ornement par la nature, in-4. — *Ducher* . . . . 30 »

Dietterlin (Wendel). Le livre de l'architecture, recueil de planches donnant la division symétrique et les proportions des cinq ordres, 210 planches, grand in-4. — *Claesen* . . . . 150 »

	fr.	c.
Duban. Les décorations murales peintes du château de Blois, in-folio. — *Ducher*	60	»
Dupont-Auberville. L'ornement des tissus, grand in-4. *Ducher*	175	»
Fau. Anatomie des formes du corps humain, in-4. — *Alcan*	32	50
Fonteyne. Documents pratiques d'architecture, 120 planches in-folio. — *Claesen*	50	»
Gruz (H.). Motifs de peinture décorative pour appartements modernes, 42 planches en chromolithographie, 18 planches en teinte plate, accompagnées d'une feuille de texte in-folio. — *Claesen*	140	»
Guiguet (L.). Dessin industriel, cours élémentaire et pratique, grand in-8, avec album de 46 planches in-folio. — *Jouvet*	22	»
Guilmard (D.). Les maitres ornemanistes : écoles française, italienne, allemande et des Pays-Bas (flamande et hollandaise), publication enrichie de 180 planches, in-4, relié. — *Plon*	70	»
Henriet (d'). Le dessin des petits enfants, 4 cahiers petit in-4. — *Hachette.* Chaque cahier	»	25
Henriet (d'). Cours de dessin des écoles primaires, 14 cahiers. — *Hachette* :		
Cours elémentaire; 3 cahiers in-4	»	75
— moyen, 5 cahiers in-4	1	25
— supérieur, 6 cahiers in-4	1	50
Hougardy (L.). Cours de dessin industriel appliqué aux machines, 25 planches, grand in-folio oblong. — *Claesen*	12	»
Hougardy (L.). Modèles de mécanique appliqués à l'enseignement du dessin des machines, à l'usage des écoles industrielles, 30 planches grand in-4 oblong. *Claesen*	7	»
Hugel. L'école industrielle, in-folio. — *Ducher*	15	»
Lacabe-Plasteig. Méthode de dessin, 14 cahiers, in-4. *Picard-Bernheim.* Le cent	9	»

fr. c.

Lacroux. Constructions en briques, deuxième série, fascicules 1 à 6, in-folio. — *Ducher* . . . . 105 »

Lanck. Traité de la construction moderne, 2 vol. in-4. *Des Fossez*. 75 »

Laureys (F.). Les cinq ordres, d'après le système décimal, in-8. — *Claesen*. . . . . » 75

Laureys (F.). Cours classique d'architecture, comprenant l'analyse complète des cinq ordres, d'après le système décimal, 70 planches in-folio, et texte — *Claesen*. 30 »

Le Béalle. Collection de 10 cahiers de dessin, in-4. — *Dupont* . . . . 1 »

Liénard. Modèles d'ornements lithographiés par J. Hermann, à l'usage des écoles de dessin, 8 planches in-plano. — *Claesen* . . . . 15 »

Liénard. Spécimens de la décoration et de l'ornementation au XIXe siècle, 125 planches in-folio. — *Claesen*. 125 »

Merlin (Th.). L'ameublement pratique de tous styles, grand in-4 oblong. — *Claesen* :

Première partie : 50 planches grand in-4 oblong. . 30 »

Deuxième partie : 50 planches, détails de meubles, grandeur d'exécution, grand in-4 oblong. . . . . . 30 »

Meyer (E.). Amour et figures décoratives appliquées à l'art industriel, 28 planches in-folio. — *Claesen*. . . 30 »

Modèles gravés en taille-douce. — *Bouasse-Lebel*. Prix divers

Modèles lithographiés. — *Bouasse-Lebel* . . . . . . Prix divers

Modèles de dessin pour lavis, trophées, attributs, figures, corps humain, etc. — *Bouasse-Lebel*. . . . . . Prix divers

Monnoyer (Baptiste). Livre de fleurs, corbeilles, vases et guirlandes, dessiné et gravé d'après nature, 14 planches in-folio en photolithographie. — *Claesen* . . . 20 »

Muller (Edouard). La flore pittoresque, fleurs et croquis d'après nature, 25 planches grand in-folio en carton. — *Claesen*. . . . . 60 »

Narjoux. Architecture communale, 2 vol. grand in-4 de 150 planches et texte, reliés. — *Des Fossez*. . . . 144 »

	fr.	c.
Narjoux. Architecture scolaire, 72 planches grand in-4 avec texte explicatif, cart. — *Des Fossez*	87	»
Narjoux. Écoles normales primaires, in-8, relié. — *Des Fossez*.	16	»
Narjoux. Écoles primaires et salles d'asile, in-12. — *Des Fossez*.	2	50
Narjoux. Écoles publiques, en France, Angleterre, Belgique, Hollande et Suisse, 3 vol. in-8, rel. *Des Fossez*.	32	»
Narjoux. Logements à bon marché, in-8. — *Des Fossez*.	1	25
Narjoux. Paris de 1850 à 1880, monuments élevés par la ville, 4 vol. in-folio, comprenant 300 planches avec texte. — *Des Fossez*	380	»
Narjoux. Règlement pour la construction des écoles, in-8. — *Des Fossez*.	2	»
Ortelius (Abraham). Recueil de cartouches, style renaissance flamande, 1 vol. grand in-4, 16 planches, édition en couleur. — *Claesen*.	15	»
Les mêmes : 16 planches, édition en noir. *Claesen*.	12	»
Pellegrin. Théorie de la perspective, in-18, illustré. — *Hetzel*.	4	»
Pfnor. Études de décorations des XVIe, XVIIe, XVIIIe et XIXe siècles, 20 planches in-plano, relié. — *Des Fossez*.	45	»
Pfnor. Motifs d'ornements, grand in-8. — *Ducher*. . .	50	»
Planat. Construction et aménagement des salles d'asile et maisons d'école, grand in-4. — *Ducher*.	120	»
Polisch (Ch.). Motifs de décoration moderne, reproduction phototypique des cartons de l'auteur, première série, 25 planches in-folio. — *Claesen*	40	»
Prignot (E.). La tenture moderne, collection variée de tentures de tous styles, 100 planches in-folio en quatre séries. — *Claesen* :		
Première série : 25 planches in-folio.	25	»
Deuxième — 25 — —	25	»
Troisième — 25 — —	25	»
Quatrième — 25 — —	25	»

	fr.	c.
Prignot, Liénard et Coignet. L'ameublement moderne, collection variée de meubles de tous styles, 144 planches in-folio. — *Claesen* :		
Première partie : 72 planches in-folio	60	»
Deuxième partie : 72 — —	60	»
Prisse d'Avenne. La décoration arabe, fascicules 1 à 7, grand in-4. — *Ducher*.	122	50
Raguenet. Matériaux et documents d'architecture et de sculpture, vol. 1 à 12, gr. in-8. — *Ducher*	210	»
Rambert (Ch.). L'art dans l'industrie moderne, dessins, calques et croquis, 50 planches in-4. — *Claesen*. . .	30	»
Ramée (Daniel). L'architecture et la construction pratiques, petit in-8. — *Didot*	8	50
Regamey. Anatomie des formes du cheval, in-4. — *Alcan*.	10	50
Renard (Camille). Album d'archéologie : Inde, Perse, Assyrie, Égypte, Grèce, Empire romain, moyen âge, 87 planches grand in-4. — *Claesen*.	30	»
Riester. Ornements tirés des quatre écoles, 2 vol. in-4, 410 planches en carton. — *Des Fossez*	120	»
Rochet (Ch.). Le prototype humain, donnant les lois naturelles des proportions dans les deux sexes, in-18, relié. — *Plon*	2	25
Ryssens de Lauw (J. M.). L'architecture en Belgique, vingt-cinq façades conçues dans le goût de l'architecture belge au XVIe siècle, première série, 25 planches in-folio. — *Claesen*.	25	»
Sallembier. Principes d'ornements pour l'étude de l'architecture, 40 planches in-folio, cart. — *Des Fossez*.	10	»
Umé (Godefroy). L'art décoratif, modèles de décoration et d'ornementation de tous les styles et de toutes les époques, 121 planches in-folio. — *Claesen*. . . .	60	»
Vergnaud. Manuel de perspective, in-18, avec planches. — *Roret*.	3	»
Viollet-le-Duc. Comment on construit une maison, in-18, illustré. — *Hetzel*	4	»

fr. c.

Viollet-le-Duc. Comment on devient un dessinateur, in-18, illustré. — *Hetzel* . . . . 4 »

Viollet-le-Duc. Compositions et dessins, 100 planches quart grand-aigle, imprimées en chromolithographie, héliogravure, taille-douce et typographie, relié. — *Des Fossez*. 170 »

Viollet-le-Duc. Dictionnaire raisonné de l'architecture française du XIe au XVIe siècle, 10 vol. in-8, rel. — *Des Fossez*. . . . . 340 »

Viollet-le-Duc. Dictionnaire raisonné du mobilier français de l'époque carlovingienne à la renaissance, 6 vol. in-8, rel. — *Des Fossez* . . . . 324 »

Viollet-le-Duc. Habitations modernes, 2 vol. in-folio, 200 planches avec texte explicatif, relié.— *Des Fossez*. 260 »

Viollet-le-Duc. Histoire d'une forteresse, in-8, illustré. — *Hetzel*. 9 »

Viollet-le-Duc. Histoire de l'habitation humaine, in-8, illustré. — *Hetzel* . . . . 9 »

Viollet-le-Duc. Histoire d'un hôtel de ville et d'une cathédrale, in-8. — *Hetzel* . . . . 9 »

Wulliam et Farge. Recueil d'architecture, vol. 9 et 10, in-folio. — *Ducher* . . . . 70 »

XIII. — TRAVAUX MANUELS, ENSEIGNEMENT TECHNIQUE

Courtois-Gérard. Manuel du jardinage, in-18, illustré. *Hetzel*. . . . . 5 »

Deville (J.). Dictionnaire du tapissier, critique historique de l'ameublement depuis les temps anciens jusqu'à nos jours, 2 vol., atlas et texte, édition en couleurs. *Claesen* . . . . 80 »

Le même, édition en noir. . . . . 60 »

Faraday. Histoire d'une chandelle, in-18. — *Hetzel* . . 3 »

	fr.	c.
Foucou. Histoire du travail, in-18. — *Hetzel*	3	»
Goyau. Traité pratique de maréchalerie, in-18, 364 figures. — *Baillière*	10	»
Héraud. Les secrets de la science, de l'industrie et de l'économie domestique, in-18, 205 figures. — *Baillière*.	6	»
Hirtz. Méthode de coupe et de confection, in-18. — *Hetzel*.	3	50
Houzé. Le livre des métiers manuels, in-18, avec figures. — *Hetzel*.	4	»
Manuel du bijoutier-joaillier et du sertisseur, par MM. J. Fontenelle, F. Malepeyre et A. Romain, 1 vol. accompagné de planches. — *Roret*.	3	»
Manuel du briquetier, tuilier, fabricant de carreaux, etc., par MM. J. Malepeyre et A. Romain, 2 vol. avec planches. *Roret*	6	»
Manuel du fabricant de caoutchouc, gutta-percha, gomme factice, toiles cirées, par M. Maigne, 2 vol. avec planches. *Roret*	5	»
Manuel du charpentier par MM. Hanus, Biston et Boutereau, 2 vol. avec atlas. — *Roret*	7	»
Manuel du chauffage et de la ventilation des bâtiments publics et privés, par M. A. Romain, 1 vol. avec figures et planches. — *Roret*	3	»
Manuel du chaufournier, plâtrier, carrier et bitumier, par MM. Magnier et Romain, 1 vol. avec planches et figures. — *Roret*.	3	50
Manuel de l'éducation et dressage du cheval, par M. le comte de Montigny, 1 vol. avec planches. — *Roret*. .	6	»
Manuel du fabricant de couleurs, par MM. Riffault, Vergnaud, Toussaint et Malepeyre, 2 vol. avec planches. *Roret*	7	»
Manuel de la danse, par Blasis et Lemaître. — *Roret*. .	1	25
Manuel du dessinateur, par M. Boutereau, 1 vol. et atlas. *Roret*	5	»

	fr.	c.
Manuel du distillateur, liquoriste, par MM. Lebeaud, J. Fontenelle et Malepeyre, 1 vol. — *Roret*	3	50
Manuel d'équitation, par MM. Vergnaud et d'Attanoux, 1 vol. avec figures. — *Roret*	3	»
Manuel d'escrime, par M. Lafaugère, 1 vol. orné de figures. — *Roret*.	2	50
Manuel du ferblantier-lampiste, par MM. Lebrun, Malepeyre et A. Romain, 1 vol. avec planches et figures. *Roret*	3	50
Manuel du fondeur, par MM. Gillot et Lockert, 2 vol. avec planches. — *Roret*	7	»
Manuel de l'horloger-rhabilleur, par M. Perségol, 1 vol. avec planches et figures. — *Roret*	2	50
Manuel du fabricant et épurateur d'huiles végétales et animales, par MM. Julia de Fontenelle, Malepeyre et Ad. Dalican, 2 vol. accompagnés de planches. — *Roret*.	6	»
Manuel de l'amélioration des liquides par M. Lebeuf, 1 vol. *Roret*	3	»
Manuel du maçon, stucateur, carreleur et paveur, par MM. Toussaint, Magnier, G. Picat et Romain, 1 vol. accompagné de 7 planches et orné de figures. — *Roret*.	3	50
Manuel du mécanicien-fontainier, par M. Romain, 1 vol. orné de figures. — *Roret*	3	50
Manuel du menuisier en bâtiments et du layetier, par MM. Nosban et Maigne, 2 vol. avec figures et planches. *Roret*	6	»
Manuel du naturaliste préparateur, par MM. Boitard et Maigne, 2 vol. — *Roret* :		
Première partie, classification, collections, 1 vol. orné de figures.	3	50
Deuxième partie, taxidermie, préparations, embaumements, 1 vol. orné de figures	3	50
Manuel de l'éleveur d'oiseaux d'appartement, par M. G. Schmitt, 1 vol. — *Roret*	1	75

	fr. c.
Manuel du pêcheur praticien, par M. Lambert, 1 vol. avec figures et planches. — *Roret*	1 50
Manuel du peintre en bâtiments, vernisseur, vitrier et colleur, par MM. Riffault, Vergnaud, Toussaint et Malepeyre, 1 vol. orné de figures. — *Roret*.	3 »
Manuel de peinture sur verre, sur porcelaine et émail, par MM. Reboulleau, Magnier et A. Romain, 1 vol. — *Roret*	3 50
Manuel du pelletier-fourreur et du plumassier, par M. Maigne, 1 vol. avec figures. — *Roret*.	2 50
Manuel de perspective, par M. Vergnaud, 1 vol. avec planches. — *Roret*	3 »
Manuel de photographie sur papier et sur verre (supplément), par M. Huberson, 1 vol. — *Roret*	3 »
Manuel du plombier, zingueur, couvreur, appareilleur à gaz, par M. Romain, 1 vol. avec figures et planches. *Roret*	3 50
Manuel du poêlier-fumiste, par MM. Ardenni, J. de Fontenelle, F. Malepeyre et A. Romain, 1 vol. avec fig. *Roret*	3 »
Manuel du fabricant de pompes, par MM. Biston, Janvier et Romain, 1 vol. orné de figures et de planches. — *Roret*	3 50
Manuel des ponts et chaussées, 3 vol. in-18. — *Roret*:	
Première partie, routes et chemins, par M. de Gayffier, 1 vol. avec planches	3 50
Deuxième partie, ponts et aqueducs en maçonnerie, par M. de Gayffier, 1 vol. avec planches	3 50
Troisième partie, ponts en bois et en fer, par M. A. Romain, 1 vol. avec figures et planches.	3 50
Manuel du relieur par S. Lenormand et M. Maigne, 1 vol. avec planches. — *Roret*.	3 50
Manuel du sapeur-pompier, manuel officiel composé par l'état-major de Paris, publié par ordre du ministre de la guerre, édition complète, 1 vol. orné de figures. — *Roret*	3 50

	fr.	c.
Manuel du savonnier, par M. G. E. Lormé, 3 vol. accompagnés de planches. — *Roret*	9	»
Manuel du sommelier et marchand de vins, par M. Maigne, 1 vol. orné de figures. — *Roret*	3	»
Manuel du sondeur, puisatier, hydroscope, par M. A. Romain, avec planches. — *Roret*	3	50
Manuel du tanneur, corroyeur et hongroyeur, par M. Maigne, 2 vol. avec figures et planches. — *Roret*	6	»
Manuel du teinturier, par MM. Thillaye, Vergnaud, Malepeyre et Romain, 2 vol. avec planches. — *Roret*	7	»
Manuel de télégraphie électrique, téléphones, sonneries et avertisseurs, par M. A. Romain, 1 vol. avec figures et planches. — *Roret*	3	50
Manuel du treillageur, deuxième partie par M. Darthuy, 1 vol. avec figures et planches. — *Roret*	3	»
Raymond (Emmeline). Leçons de couture, in-18. *Didot*	5	»
Rood. Théorie scientifique des couleurs, in-8. — *Alcan*	6	»
Thurston. Histoire de la machine à vapeur, 2 vol. in-8. *Alcan*	12	»
Verdellet (J.). L'art pratique du tapissier, 60 planches in-fol. et texte in-8. — *Claesen*	60	»
Verdellet (J.). Manuel géométrique du tapissier, 65 pl. in-fol. et texte, in-8. — *Claesen*	60	»

XIV. — MÉDECINE, HYGIÈNE, GYMNASTIQUE

Archives d'ophtalmologie, paraissant tous les deux mois, l'abonnement pour l'étranger. — *Delahaye et Lecrosnier*	25	»
Les mêmes. Collection complète, 1881 à 1883. 3 vol. avec figures et planches	60	»
Arnould (J.). Nouveaux éléments d'hygiène, in-8 avec 284 figures. — *Baillière*	20	»

	fr.	c.
Audhoui. Traité des maladies de l'estomac, in-8. — *Delahaye et Lecrosnier*	6	»
Axenfeld. Traité des névroses, grand in-8. — *Alcan*	22	50
Bartels. Maladies des reins, in-8. — *Alcan*	17	50
Barthez et Sanné. Maladies des enfants, in-8. — *Alcan*	18	50
Beaunis. Nouveaux éléments de physiologie humaine, 2 vol. in-8, avec 513 figures. — *Baillière*	25	»
Béni-Barde. Manuel d'hydrothérapie, in-18. — *Masson*	6	»
Berlioz. Thérapeutique, in-18. — *Masson*	6	»
Blanchard. (R.). Les accidents de l'enfance, in-8. — *Ducrocq*	5	»
Bouchardat. Formulaire magistral, in-18. — *Alcan*	4	»
Bouchardat. De la glycosurie ou diabète sucré, in-8. — *Alcan*	15	»
Bouchardat. Traité d'hygiène publique et privée, in-8. — *Alcan*	20	50
Bouchut et Desprès. Dictionnaire de thérapeutique, grand in-8. — *Alcan*	29	»
Bourgoin. Traité de pharmacie galénique, in-8. — *Delahaye et Lecrosnier*	16	»
Bourneville. L'année médicale, résumé des progrès réalisés dans les sciences médicales, années 1878 et 1879, 2 vol. in-12, rel. — *Plon*. Chaque volume	5	»
Bourneville. L'année médicale, résumé des progrès réalisés dans les sciences médicales, années 1880, 1881, 1882 et 1883, 4 vol. in-12. — *Plon*. Chaque volume relié	5	50
Bra. Manuel des maladies mentales, in-18. — *Delahaye et Lecrosnier*	4	»
Buchholtz. Guide élémentaire du médecin praticien, in-8. — *Delahaye et Lecrosnier*	5	»
Cadiat. Traité d'anatomie générale, appliquée à la médecine, 2 vol. in-8. — *Delahaye et Lecrosnier*	28	»
Camuset. Manuel d'ophtalmologie, in-18. — *Masson*	7	»

	fr.	c.
Carlet. Zoologie médicale, in-18. — *Masson*.	7	»
Charcot. Leçons sur les localisations dans les maladies du cerveau, in-8. — *Delahaye et Lecrosnier*.	11	»
Charcot. Leçons sur les maladies du foie et des voies biliaires et des reins, in-8. — *Delahaye et Lecrosnier*.	12	»
Charcot. Leçons sur le système nerveux, 2 vol. in-8. — *Delahaye et Lecrosnier*.	28	»
Chauvel. Œil et vision, in-18. — *Masson*.	6	»
Comte. — Structure et physiologie de l'homme, in-18 avec atlas. — *Masson*.	6	»
Cornil. Leçons d'hygiène, in-18. — *Alcan*.	4	»
Cornil et Ranvier. Manuel d'histologie pathologique, 2 vol. in-8. — *Alcan*.	30	»
Cuyer et Kuff. Le corps humain, 2 vol. grand in-8, avec 27 planches coloriées, découpées et superposées, dessinées d'après nature, cart. — *Baillière*.	75	»
Dechambre. Le médecin, in-18. — *Masson*.	6	»
Dechambre (A.), Mathias Duval et Lereboullet. Dictionnaire usuel des sciences médicales, grand in-8. *Masson*.	30	»
Denis (E.). Petit manuel d'instruction et d'éducation militaire. — *Picard-Bernheim*.	»	60
Descieux. Entretiens d'hygiène, in-12. — *Dupont*. . .	1	25
Descieux. Leçons d'hygiène, in-12. — *Dupont*. . . .	»	50
Descroizilles. Manuel de pathologie et de clinique infantiles, in-18. — *Delahaye et Lecrosnier*.	12	»
Dieulafoy. Manuel de pathologie, 2 vol. in-18. — *Masson*.	12	»
Dubreuil. Éléments d'orthopédie, in-18. — *Delahaye et Lecrosnier*.	6	»
Dupuy. Manuel d'hygiène publique et industrielle, in-18. — *Delahaye et Lecrosnier*.	7	50
Durand-Fardel. Traité des eaux minérales, in-8. — *Alcan*.	12	50
Engel. Nouveaux éléments de chimie médicale et de chimie biologique, in-18 avec figures. — *Baillière*. .	8	»

	fr.	c.
Erb. Traité d'électrothérapie in-8. — *Delahaye et Lecrosnier*	13	»
Estradère. Traité élémentaire du massage, in-8. — *Delahaye et Lecrosnier*	4	»
Fauvel (Ch.). Traité pratique des maladies du larynx, in-8. — *Delahaye et Lecrosnier*	21	»
Fonssagrives. Du rôle des mères, in-18. — *Delahaye et Lecrosnier*	3	50
Fonssagrives. Formulaire thérapeutique à l'usage des praticiens, in-16. — *Delahaye et Lecrosnier*	4	»
Fonssagrives. Leçons d'hygiène infantile, in-8. — *Delahaye et Lecrosnier*	10	»
Fonssagrives. Traité de thérapeutique appliquée, basé sur les indications, 2 vol. in-8. — *Delahaye et Lecrosnier*	24	»
Fort. Anatomie descriptive et dissection, 3 vol. in-12. *Delahaye et Lecrosnier*	30	»
Fort. Cours de médecine opératoire, in-18. — *Delahaye et Lecrosnier*	6	»
Fort. Manuel de pathologie interne, in-18. — *Delahaye et Lecrosnier*	6	50
Fort. Manuel de physiologie humaine, in-18. — *Delahaye et Lecrosnier*	10	»
Fort. Résumé de pathologie et de clinique chirurgicales, in-32. — *Delahaye et Lecrosnier*	5	»
Fournier (Alfred). Leçons cliniques sur la syphilis, in-8. — *Delahaye et Lecrosnier*	21	»
Gauthier (A.). La sophistication des vins, in-18, avec planche coloriée, comprenant 53 tons de vin. — *Baillière*	4	50
Gellé. Précis des maladies de l'oreille, in-18, avec figures. — *Baillière*	9	»
George. Leçons élémentaires d'hygiène, in-12. — *Delalain*	2	»
Gubler. Leçons de thérapeutique, in-8. — *Delahaye et Lecrosnier*	10	»

fr. c.

Gueneau de Mussy (Noël). Clinique médicale, tome III, in-8. — *Delahaye et Lecrosnier*. . . . . 13 »

Guérin (Alphonse). Clinique des maladies des organes génitaux internes de la femme, in-8. — *Delahaye et Lecrosnier*. . . . . 10 »

Guillemin. Les bandages, in-18. — *Masson*. . . . . 6 »

Guttmann (Paul). Traité du diagnostic des maladies des organes thoraciques et abdominaux, in-12. — *Delahaye et Lecrosnier*. . . . . 7 »

Hallopeau. Traité élémentaire de pathologie générale, in-8. — *Baillière*. . . . . 11 »

Héraud. Nouveau dictionnaire des plantes médicinales, in-18, 261 figures. — *Baillière*. . . . . 6 »

Jaccoud. Curabilité et traitement de la phtisie pulmonaire, in-8. — *Delahaye et Lecrosnier*. . . . . . . 10 »

Jaccoud. Leçons de clinique médicale faites à l'hôpital de la Charité, in-8. — *Delahaye et Lecrosnier*. . . . 15 »

Jaccoud. Leçons de clinique médicale faites à l'hôpital Lariboisière, in-8. — *Delahaye et Lecrosnier*. . . . 15 »

Jaccoud. Leçons de clinique médicale faites à l'hôpital de la Pitié, in-8. — *Delahaye et Lecrosnier*. . . . . . . 13 »

Jaccoud. Traité de pathologie interne, 3 vol. in-8. — *Delahaye et Lecrosnier*. . . . . 50 »

Kuss et Duval. Cours de physiologie, in-18 avec 201 figures. — *Baillière*. . . . . 8 »

Lacassagne. Hygiène, in-18. — *Masson*. . . . . . . 7 »

Lacassagne. Médecine judiciaire, in-18. — *Masson*. . 7 50

Laisné (N.). Gymnastique des demoiselles, in-12. — *Picard-Bernheim*. . . . . 4 »

Laisné (N.). Recueil de chants spéciaux pour l'enseignement de la gymnastique, in-4. — *Picard-Bernheim*. . 1 75

Laisné (N.). Traité élémentaire de gymnastique classique, grand in-8. — *Picard-Bernheim*. 3 50

Lancereaux. Traité d'anatomie pathologique, tome Ier, in-8. — *Delahaye et Lecrosnier*. . . . . 20 »

	fr.	c.
Lancereaux. Traité d'anatomie pathologique, tome II, in-8. — *Delahaye et Lecrosnier*	25	»
Lancereaux. Traité de l'herpétisme, in-8. — *Delahaye et Lecrosnier*	7	»
Latteux. Manuel de technique microscopique ou guide pratique pour l'étude et le maniement du microscope, in-8. — *Delahaye et Lecrosnier*	7	50
Lecorché. Traité théorique et pratique de la goutte, in-8. — *Delahaye et Lecrosnier*	13	»
Lecorché et Talamon. Études médicales faites à la maison municipale de santé, in-8. — *Delahaye et Lecrosnier*	12	»
Legrand du Saulle. Étude médico-légale sur l'interdiction des aliénés et sur le conseil judiciaire, in-8. — *Delahaye et Lecrosnier*	8	»
Legrand du Saulle. Etude médico-légale sur les testaments, in-8. — *Delahaye et Lecrosnier*	9	»
Lelièvre (Dr). Hygiène pratique, in-18. — *Hennuyer*	3	50
Lhomme (Ch.). Code manuel des bataillons scolaires, in-12. — *Picard-Bernheim*	3	50
Littré. Dictionnaire de médecine, de chirurgie et de pharmacie, gr. in-8, avec 600 fig., broché. *Baillière*	20	»
Livon (Ch.). Manuel de vivisections, in-8, avec 119 fig. noires et coloriées. — *Baillière*	7	»
Lombard. Atlas de la distribution géographique des principales maladies, in-4, 25 cartes imprimées en couleurs avec texte explicatif, cart. — *Baillière*	12	»
Lutaud. Maladies des femmes, in-18. — *Masson*	7	»
Luys. Traité clinique et pratique des maladies mentales, in-8. — *Delahaye et Lecrosnier*	17	»
Mallez (E.). Formulaire des maladies des voies urinaires, in-18. — *Delahaye et Lecrosnier*	3	50
Meunier. Anatomie et physiologie, in-18. — *Masson*	4	»
Miot et Baratoux. Traité théorique et pratique des maladies de l'oreille et du nez, in-8. — *Delahaye et Lecrosnier*	6	»

	fr.	c.
Moitessier. Physique médicale, in-18. — *Masson.* . . .	7	50
Murchison (C.). Leçons cliniques sur les maladies du foie, in-8. — *Delahaye et Lecrosnier*	12	»
Neumann (I.). Traité des maladies de la peau, in-8. — *Delahaye et Lecrosnier*	13	»
Nielly. Éléments de pathologie exotique, in-18. — *Delahaye et Lecrosnier*	10	»
Nielly. Hygiène des Européens dans les pays intertropicaux, in-18. — *Delahaye et Lecrosnier.*	5	50
Nielly. Obstétrique, in-18. — *Masson*	5	»
Onimus. Électrothérapie, in-18. — *Masson.*	6	»
Pallix. Les bataillons scolaires, instructions pratiques comprenant l'école du soldat, les principes d'assouplissement, l'école de tirailleurs, 69 planches avec légendes explicatives, in-4. — *Belin.*	4	50
Panas. Leçons sur les rétinites, in-8. — *Delahaye et Lecrosnier.*	6	»
Pascal (E.). Le livre de l'élève soldat, in-16. *Hachette.*	1	25
Paulet. Résumé d'anatomie, in-18. — *Masson.*	7	»
Péan. Diagnostic et traitement des tumeurs de l'abdomen, tome Ier, in-8. — *Delahaye et Lecrosnier.* . . .	15	»
Pécaut (Dr Élie). Cours d'anatomie et de physiologie humaine. — *Hachette.*	2	50
Pécaut (Dr Élie). Cours d'hygiène, in-16. — *Hachette.*	2	»
Pécaut (Dr Élie). Petit cours d'hygiène, in-16. *Hachette.*	»	75
Proust. Éléments d'hygiène, in-18. — *Masson*	2	25
Rabuteau (A.). Traité élémentaire de chimie médicale, première partie, chimie minérale, in-8. — *Delahaye et Lecrosnier.*	4	»
Rabuteau. Traité élémentaire de thérapeutique et de pharmacologie, in-8. — *Delahaye et Lecrosnier* . . .	19	»
Ranvier. Leçons d'anatomie générale sur le système musculaire, in-8. — *Delahaye et Lecrosnier*	12	»
Rengade (Dr). Portez-vous bien, in-12. — *Ducrocq* . .	3	50
Rengade (Dr). Premières notions d'hygiène, in-12. — *Ducrocq*	1	»

	fr.	c.
Riant (A.). Leçons d'hygiène, in-18. — *Delahaye et Lecrosnier*	6	»
Richard. Pratique journalière de la chirurgie, in-8. — *Alcan*	18	50
Sappey. Atlas d'anatomie descriptive, première partie, ostéologie, arthrologie, in-4, 38 planches coloriées. *Delahaye et Lecrosnier*	30	»
Sappey. Traité d'anatomie descriptive, 4 vol. in-8. — *Delahaye et Lecrosnier*	60	»
Sée. Du diagnostic et du traitement des maladies du cœur, et en particulier de leurs formes anormales, in-8. — *Delahaye et Lecrosnier*	12	»
Sée. Des dyspepsies gastro-intestinales, in-8. — *Delahaye et Lecrosnier*	10	»
Sée et Labadie-Lagrave. De la phtisie bacillaire des poumons, in-8. — *Delahaye et Lecrosnier*	11	»
Signol. Aide-Mémoire du vétérinaire, in-18, avec 395 figures. — *Baillière*	6	»
Simon. Conférences thérapeutiques et cliniques sur les maladies des enfants, 2 v. in-8. *Delahaye et Lecrosnier.*	14	»
Spillmann. Diagnostic médical, in-18. — *Masson*	7	50
Terrier. Pathologie chirurgicale générale, première partie, in-8. — *Alcan*	7	»
Tessereau. Cours d'hygiène, in-12. — *Dupont*	3	»
Thomas (L.). Traité des opérations d'urgence, in-8. — *Delahaye et Lecrosnier*	7	50
Thomas (L.). Traité des opérations usuelles, in-18. — *Delahaye et Lecrosnier*	6	»
Wecker et Landolt. Traité complet d'ophtalmologie, 3 vol. in-8. — *Delahaye et Lecrosnier*	51	»
Woillez. Traité théorique et clinique de percussion et d'auscultation, in-8. — *Delahaye et Lecrosnier*	10	»

XV. — OUVRAGES DE VULGARISATION

LIVRES DE RÉCOMPENSES

	fr.	c.
Aulard. Danton, in-12. — *Picard-Bernheim*	»	40
Baclé. Les voies ferrées, in-8, illustré. — *Masson*. . .	13	»
Bailey Aldrich. Histoire d'un écolier américain, in-8, illustré. — *Hetzel*	5	»
Barbou (Alfred). Les généraux de la République, in-16. *Jouvet*	2	25
Barr (Maurice). Mémoires d'une poule noire, in-4. — *Ducrocq*	10	»
Barracand (Léon). Le bonheur au village, in-8. — *Charavay*.	1	75
Barracand (Léon). Hilaire Gervais, in-8. — *Charavay*.	1	75
Barracand (Léon). Un village au XIIe et au XIXe siècle, petit in-8. — *Charavay*.	1	75
Beaulieu (M. de). Le Robinson de douze ans, in-8. — *Ducrocq*	5	»
Benoit-Lévy (Ed.). Jules Favre, in-12. — *Picard-Bernheim*.	»	40
Bertall. Les contes de ma mère, in-8, relié. — *Plon*. .	10	»
Berthet (Élie). Les petits écoliers dans les cinq parties du monde, in-8. — *Jouvet*	7	»
Berthet (Élie). Les petites écolières dans les cinq parties du monde, in-8. — *Jouvet*.	7	»
Biart (Lucien). Le fleuve d'or, in-18. — *Hennuyer*. . .	4	50
Biart (Lucien). Le roi des prairies, in-18. — *Hennuyer*.	4	50
Bibliothèque des écoles et des familles, illustrée de nombreuses gravures, 5 séries. — *Hachette* :		
Première série: 17 vol. grand in-8, chaque vol. rel.	3	80
Deuxième série: 59 vol. in-8, chaque vol. relié. . .	2	»
Troisième série: 41 vol. in-16, chaque vol. relié. .	1	50
Quatrième série : 20 vol. petit in-16, ch. vol. relié.	»	80
Cinquième série : 63 vol. in-18, chaque vol. broché	»	15

fr. c.

Bibliothèque illustrée (petite). 41 vol. petit in-16, avec gravures. — *Hachette*. Chaque vol. broché . . . . . » 50

Bibliothèque des merveilles, publiée sous la direction de M. Édouard Charton, 102 vol. in-16, illustrés de nombreuses gravures. — *Hachette*. Chaque vol. relié . . 3 50

Bibliothèque des petits enfants de quatre à huit ans, 11 vol. in-16, illustrés de nombreuses gravures. — *Hachette*. Chaque volume relié 3 50

Bibliothèque rose illustrée, pour les enfants et les adolescents, 207 vol. in-16, illustrés de nombreuses gravures. — *Hachette*. Chaque vol. relié 3 50

Biographies et portraits des personnages célèbres. — *Sarlit*. Le cent . . . . 15 »

Blandy (S.). Trois sous neufs, in-12. *Picard-Bernheim*. » 80

Bondois (Paul). Vauban, in-12. — *Picard-Bernheim*. . » 40

Bondois (Paul). Villars, in-12. — *Picard-Bernheim* . . » 40

Bory (Paul). Le roi des métaux, petit in-8, illustré. — *Mame* 1 60

Boscowitz. Les volcans, gr. in-8. — *Ducrocq*. . . . . 15 »

Bourrassé (abbé J.-J.). Archéologie chrétienne, in-8, illustré. — *Mame*. 4 05

Brosselard (Henri). Voyage de la mission Flatters au pays des Touareg-Azdjers, in-16. — *Jouvet* 2 25

Buffon des écoles. Choix des plus beaux morceaux, in-12. — *Sarlit* 1 80

Célébrités de l'atelier, ouvriers, inventeurs, in-12. — *Sarlit*. 1 50

Célières (Paul). Contez-nous cela, in-18. — *Hennuyer* . 4 50

Célières (Paul). En scène s. v. p., in-18. — *Hennuyer* . 3 50

Célières (Paul). Les grandes vertus, in-18. — *Hennuyer*. 3 50

Célières (Paul). Quand il pleut, in-18. — *Hennuyer*. . 4 50

Célières (Paul). Une heure à lire, in-18. — *Hennuyer*. 4 50

Cervantès Saavedra (Miguel de). Don Quichotte de la Manche, grand in-8, illustré. — *Mame* . . . . 7 »

Chapoy (Henri). Anne d'Autriche et la Fronde, in-12. — *Palmé* 3 50

	fr.	c.
Charavay (Étienne). Les enfants de la république, grand in-32. — *Charavay*	»	50
Chateaubriand (vte de). Itinéraire de Paris à Jérusalem grand in-8, illustré. — *Mame*	4	70
Chateaubriand (vte de). Les martyrs, grand in-8. — *Mame*	4	70
Chavannes de la Girandière (H. de). Une ferme modèle, in-8, illustré. — *Mame*	2	30
Chazel (Prosper). Histoire d'un forestier, in-8. — *Hennuyer*	10	»
Chéron (François). Mémoires et récits, in-12. — *Palmé.*	3	50
Cheslay (G.-R.). La convention nationale et son œuvre, in-8. — *Charavay*	3	50
Comédies de l'enfance (les), in-4. — *Ducrocq*	6	»
Cooper (Fenimore). Le dernier des Mohicans, in-12, illustré. — *Mame*	3	25
Cooper (Fenimore). Le pilote, in-12, illustré. — *Mame.*	3	25
Cooper (Fenimore). La prairie, in-12, illustré. — *Mame.*	3	25
Dary (G.). Tout par l'électricité, grand in-8, illustré. — *Mame*	7	»
Depping (Guillaume). Le Japon, in-16. — *Jouvet*	2	25
Desbeaux (E.). Les campagnes du général Toto, in-4. *Ducrocq*	6	»
Desbeaux (E.). Les découvertes de M. Jean, in-4. — *Ducrocq*	10	»
Desbeaux (E.). Les idées de Mlle Marianne, in-4. — *Ducrocq*	10	»
Desbeaux (E.). Le jardin de Mlle Jeanne, in-4 *Ducrocq.*	10	»
Desbeaux (E.). Le jardin de Mlle Jeanne, in-12. — *Ducrocq*	5	»
Desbeaux (E.). Les parce que de Mlle Suzanne, in-4. *Ducrocq*	10	»
Desbeaux (E.). Les pourquoi de Mlle Suzanne, in-4. *Ducrocq*	10	»
Desbeaux (E.). Les projets de Mlle Marcelle, in-4. — *Ducrocq*	10	»

	fr.	c.
Drohojowska (comtesse). Les grands agriculteurs modernes. petit in-8. — *Mame*	1	»
Drohojowska (comtesse). Les grands inventeurs modernes, petit in-8. — *Mame*	1	»
Drohojowska (comtesse). Mère et fille, ou la protection des animaux dans la famille, in-12. — *Sarlit*	1	50
Dubarry (Armand). Le boire et le manger, histoire anecdotique des aliments, in-16. — *Jouvet*	2	25
Dubarry (Armand). Perdus sur la mer de corail, in-16. *Charavay*	»	80
Dupaigne (A.). Les montagnes, grand in-8, illustré. — *Mame*	13	»
Echard (Auguste). Un fils de l'Alsace : Kléber, in-16. — *Charavay*	»	80
Egger. Histoire du livre, in-18. — *Hetzel*	3	»
Fabre des Essarts. Dupleix et l'Inde française, in-16. *Charavay*	1	60
Farine (Ch.). Kabyles et Kroumirs, in-8. — *Ducrocq* . .	8	»
Ferney (Jacques). Riquet et le canal du Midi, in-8. — *Charavay*	2	50
Figuier (Louis). Les aérostats, histoire des ballons depuis leur origine jusqu'aux plus récentes ascensions célèbres, in-16. — *Jouvet*	2	25
Figuier (Louis). L'art de l'éclairage, procédés d'éclairage employés depuis l'antiquité jusqu'à nos jours, in-16. — *Jouvet*	2	25
Focillon. Esquisses des animaux mammifères, petit in-8, illustré. — *Mame*	1	60
Franck (G.). Jules Crevaux, in-12. — *Picard-Bernheim*.	»	60
Galland. Les mille et une nuits, in-8. — *Ducrocq* . . .	7	50
Gasquet (Am.). Henri IV, in-12. — *Picard-Bernheim* . .	»	40
Gautier fils (Th.). Les aventures du baron de Münchhausen, avec illustrations de Gustave Doré, in-4. — *Jouvet*	4	»
Georges (J.-M.). L'œuvre de Cambon, in-16. — *Charavay*	»	80

	fr.	c.
Gervais (A.). Chef et soldat, grand in-32. — *Charavay.*	»	50
Gournerie (Eugène de la). Histoire de Paris, in-4. — *Mame*	8	50
Grimard. Histoire d'une goutte de sève, in-18. — *Hetzel.*	3	»
Gysaur (René). Les Parisiens célèbres, grand in-8. — *Charavay*	5	»
Havard (Oscar). Les femmes illustres de la France, in-4. — *Mame*	8	50
Héraud. Jeux et récréations scientifiques, in-18, avec 207 figures. — *Baillière*	6	»
Hervé (Jacques). L'Égypte, in-16. — *Jouvet*	2	25
Hervilly (Ernest d'). Les historiettes de l'histoire, grand in-32. — *Charavay*	»	50
Journal de la jeunesse, nouveau recueil hebdomadaire illustré, pour les enfants de dix à quinze ans, paraissant depuis 1873; chaque année formant 2 vol. grand in-8. — *Hachette.* L'année	20	»
Kœnig (Frédéric). Raphaël, in-8. — *Mame*	1	35
Laboulaye (Ed.). Contes et nouvelles, in-8. — *Ducrocq.*	5	»
Laboulaye (Ed.). Contes bleus, in-8. — *Jouvet*	10	»
Laboulaye (Ed.). Derniers contes bleus, in-8. — *Jouvet*	12	»
Laboulaye (Ed.). Nouveaux contes bleus, in-8. — *Jouvet*	10	»
La Fontaine. Fables, illustrées de 115 compositions de E. Lambert, in-8. — *Hetzel*	10	»
Lair (Alphonse). L'héroïsme français, in-16. — *Jouvet.*	2	25
La lecture en famille, année 1880, in-8. — *Hennuyer* .	6	50
La lecture en famille, année 1881, in-8. — *Hennuyer* .	6	50
La lecture en famille, année 1882, in-8. — *Hennuyer* .	6	50
La lecture en famille, année 1883, in-8. — *Hennuyer* .	6	50
La lecture en famille, année 1884, in-8. — *Hennuyer* .	6	50
Laperche (René de). Les saints évangiles, 2 volumes in-18. — *Palmé*	2	»
La Rochefoucauld. Maximes et réflexions morales, in-18. — *Palmé*	1	»

fr. c.

Laurie (André). Histoire d'un écolier hanovrien : *Scènes de la vie de collège dans tous les pays* (vie de collège et d'université en Allemagne), in-8, illustré. — *Hetzel* . 7 »

Laurie (André). Une année de collège à Paris, in-8, illustré. — *Hetzel* . . . . 7 »

Laurie (André). Les mémoires d'un collégien (vie de collège en France, dans les départements), in-8, illustré. — *Hetzel* . . . . 7 »

Laurie (André). La vie de collège en Angleterre, in-8, illustré. — *Hetzel*. . . . . 7 »

Le Chartier (H.). La Nouvelle-Calédonie et les Nouvelles-Hébrides, in-16. — *Jouvet*. 2 25

Legouvé (Ernest). Nos filles et nos fils, in-8, illustré. — *Hetzel*. . . . . 7 »

Lelioux (Armand). Promenades au palais, in-8. — *Charavay*. 1 75

Lévin (Charles). Un exemple à suivre ; la Prusse après Iéna, in-16. — *Charavay* . . . . » 80

Lieutier (Mme Nelly). Il était une fois, in-12. — *Picard-Bernheim* . . . . » 50

Lieutier (Mme Nelly). La journée de Catherine, in-12. — *Picard-Bernheim* . . . . » 50

Lieutier (Mme Nelly). Un jour de pluie, in-12. — *Picard-Bernheim* . . . . » 50

Littérature populaire, 89 vol. in-16. — *Hachette*. Chaque vol. 1 75

Longchêne (de). Le monde souterrain, petit in-8, illustré. — *Mame* 1 60

Macé (Jean). Histoire d'une bouchée de pain, in-8, illustré. — *Hetzel* . . . . 7 »

Maistre (J.-S.). Considérations sur la France, in-18.— *Palmé*. . . . . 1 »

Magasin illustré d'éducation et de récréation, dirigé par Macé, P.-J. Stahl et Verne, tomes XXXVII à XL, in-8. — *Hetzel*. Le vol. . . . . 7 »

	fr. c.
Mangin (Arthur). L'air et le monde aérien, in-4. — *Mame*	8 50
Mangin (Arthur). Le monde de l'air, in-8, illustré. — *Mame*	2 30
Mangin (Arthur) Le monde marin, in-8, illustré. — *Mame*	2 30
Mangin (Arthur). Les mystères de l'océan, in-4. — *Mame*	8 50
Mangin (Arthur). Nos ennemis, in-8, illustré. — *Mame*.	2 30
Mangin (Arthur). L'océan, in-8, illustré. — *Mame* . .	2 30
Mangin (Arthur). Les phénomènes de l'air, in-8, illustré. — *Mame*	2 30
Mangin (A.). Les savants illustres de la France, in-8.— *Ducrocq*	8 »
Marcel (Ch.). Vivent les vacances ! in-12. — *Picard-Bernheim*	» 50
Margueritte (général). Les chasses de l'Algérie, et notes sur les Arabes du Sud, in-16. — *Jouvet*	2 25
Matrat (Paul). Les conseils du père Vincent, petit in-8, illustré. — *Mame*	1 »
May (Karl). La caravane de la mort, in-12, illustré. — *Mame*	3 25
May (Karl). Les pirates de la mer rouge, in-12, illustré. — *Mame*	3 25
May (Karl). Une visite au pays du diable, in-12, illustré. *Mame*	3 25
Michaud et Poujoulat. Histoire des croisades, in-4, illustré. — *Mame*	8 50
Millet (C.). Les poissons, petit in-8, illustré.— *Mame*. .	1 60
Mon journal, recueil mensuel pour les enfants, prix de l'abonnement pour un an. — *Hachette*.	1 80
Moulin (H.). Les marins de la république, in-16. — *Charavay*	1 50
Nouvelle collection pour la jeunesse et l'enfance, 72 vol. in-8. — *Hachette*. Chaque vol. relié	8 »

	fr.	c.
Parodi (D.-A.). Le théâtre en France, in-18. — *Hennuyer*	3	50
Pascal. Pensées sur la religion, in-8. — *Mame*	4	05
Perrault. Contes, in-4. — *Ducrocq*	6	»
Petit (Maxime). La défense de Lille en 1792, grand in-32. — *Charavay*	»	50
Petit (Maxime). Les Prussiens en Champagne, grand in-32. — *Charavay*	»	50
Petit (Maxime). Le serment du jeu de paume, grand in-32. — *Charavay*	»	50
Pille et Adrien Marie. Musée de la jeunesse, contes illustrés en couleurs, in-8. — *Baschet*	7	50
Pillegous (Marc). Une grande nuit : la nuit du 4 août, in-16. — *Charavay*	»	50
Poitevin (Marie). Mon amie Jeanne, in-12. — *Mame*	»	45
Poupée bien élevée (la), texte par une maman, in-8. — *Ducrocq*	5	»
Rambosson. Harmonies du son et histoire des instruments de musique, gr. in-8. — *Didot*	14	»
Rambosson. Histoire des astres, gr. in-8, cart. — *Didot.*	12	50
Rambosson. Histoire des météores et des grands phénomènes de la nature, gr. in-8, cart. — *Didot*	8	50
Rambosson. Histoire et légendes des plantes utiles et curieuses, grand in-8. — *Didot*	8	»
Rambosson. Les pierres précieuses, gr. in-8, cart. — *Didot*	8	50
Rawton (O. de). Les plantes qui guérissent et les plantes qui tuent, in-16. — *Jouvet*	2	25
Reclus (Elysée). Histoire d'une montagne, in-8, illustré. *Hetzel*	5	»
Reclus (Elysée). Histoire d'un ruisseau, in-8, illustré. — *Hetzel*	5	»
Renard (Georges). Vie de Voltaire, in-8. — *Charavay*	1	75
Robbe (Pierre). Les serviteurs de l'humanité (moyen âge), in-16. — *Charavay*	1	»

	fr. c.
Roman (J.). Histoire du bon chevalier Bayart, in-12. — *Palmé*	3 50
Saint-Albin (Em. de). Le livre des ballades allemandes, in-18. — *Palmé*	1 »
Saint-Juirs. Le petit Nab, conte illustré par Grasset, in-8. — *Baschet*	6 »
Sandret (L.). Louis II de la Tremoille, in-12. — *Palmé*.	3 50
Sauvage (E.). La grande pêche (les poissons), in-16. — *Jouvet*	2 25
Schmid (chanoine). Rose de Tannebourg, in-12. — *Mame*	» 65
Séguin (A.). Le Robinson noir, in-8. — *Ducrocq*	8 »
Stahl (P. J.). Contes et récits de morale familière, in-8, illustré. — *Hetzel*	7 »
Stolz (Mme de). Vif-argent, in-12. — *Mame*	3 25
Swift. Voyages de Gulliver, in-8. — *Ducrocq*	7 50
Tableaux synoptiques de vulgarisation, lithographiés et chromolithographiés. — *Bouasse-Lebel*	Prix divers
Tamizey de Larroque. Les guerres du règne de Louis XIII et de la minorité de Louis XIV, 2 vol. in-12. *Palmé*	7 »
Tissandier. L'océan aérien, in-8, illustré. — *Masson*	13 »
Tissandier. Les récréations scientifiques, in-8, illustré. *Masson*	13 »
Walter Scott. — Waverley, in-12. — *Mame*	3 25
With (Emile). Métaux, mines, mineurs et industries métallurgiques. — *Jouvet*	10 »

XVI. — BEAUX-ARTS, PUBLICATIONS DE LUXE

Adeline (Jules). Lexique des termes d'art, in-4 anglais. *Quantin*	4 50
Adhémar (J.). Beaux-arts et artistes, in-12. — *Colin*	2 »
Art (l') et l'industrie, vol. 1 et 5, gr. in-4. — *Ducher*	60 »

	fr.	c.
Audsley (W. et G.). La peinture murale décorative dans le style du moyen âge, in-folio. — *Didot*. . . .	50	»
Baudot (de). La sculpture française au moyen âge et à la renaissance, 120 planches in-folio en héliogravure et texte illustré, relié. — *Des Fossez*.	285	»
Bayet. L'art byzantin, in-4 anglais. — *Quantin* . . .	4	50
Bergerat. Les chefs-d'œuvre d'art à l'exposition universelle de 1878, 2 vol. in-4, contenant 40 photogravures, Goupil et Cie. — *Baschet*.	140	»
Bosc (E.). Dictionnaire de l'art, de la curiosité et du bibelot, gr. in-8. — *Didot*.	50	»
Bosc. Dictionnaire général de l'archéologie et des antiquités, in-16, relié. — *Didot*	10	»
Bournand. Précis d'histoire de l'art, in-12. — *Delalain*.	1	50
Carpey (J.). Les joies de la vie, reproduction photographique des tableaux de l'auteur, 12 planches in-4. — *Claesen*	22	»
Chennevières (H. de). Les dessins du Louvre, écoles flamande, hollandaise et allemande, in-4. — *Baschet*.	40	»
Chennevières (H. de). Les dessins du Louvre, école française, XVIe et XVIIe siècles, in-4. — *Baschet* . . .	35	»
Chennevières (H. de). Les dessins du Louvre, école française, XVIIIe et XIXe siècles, in-4. — *Baschet* . . .	30	»
Chennevières (H. de). Les dessins du Louvre, école italienne, in-4. — *Baschet*.	50	»
Chéret (J.). La terre cuite française, première série, 25 planches en héliogravure, in-folio. — *Claesen*. . .	40	»
Chesneau (Ernest). La peinture anglaise, in-4 anglais. *Quantin*.	4	50
Clément (Ch.). Géricault, étude biographique et critique avec le catalogue de l'œuvre du maître, in-8, avec 30 planches. — *Perrin*	35	»
Clément (Ch.). Gleyre, étude biographique et critique, avec le catalogue de l'œuvre du maître, in-8, avec 30 planches. — *Perrin*	35	»

	fr.	c.
Clément (Félix). Histoire abrégée des beaux-arts, in-8. *Didot*	20	»
Collignon (Max.). L'archéologie grecque, in-4 anglais. *Quantin*.	4	50
Collignon (Max.). La mythologie figurée, in-4 anglais. *Quantin*.	4	50
Dayot. Salon de 1884, contenant cent photogravures Goupil et Cie, imprimées en couleur, in-8. — *Baschet*.	65	»
Dayot. Tableaux et statues, in-16. — *Baschet*.	3	50
Delaborde (vicomte H.). La gravure, in-4 anglais. — *Quantin*.	4	50
Demay (G.). Le costume au moyen âge, d'après les sceaux, gr. in-8. — *Dumoulin*	20	»
Desjardins (Abel). Jean Bologne, in-folio. — *Quantin*.	100	»
Ducros. En chemin de fer, triolets, 16 planches en photogravure, tirées en plusieurs teintes, in-4. — *Baschet*.	25	»
Dumas (F.-G.). Annuaire illustré des beaux-arts, 1882, in-16. — *Baschet*.	5	»
Dumas (F.-G.). Annuaire illustré des beaux-arts et exposition nationale, 1883, in-16. — *Baschet*	5	»
Dumas (F.-G.). Catalogue illustré de l'exposition universelle d'Amsterdam, in-16. — *Baschet*.	5	»
Dumas (F.-G.). Catalogue illustré du musée de Bruxelles, et de l'art belge 1830-1880, in-16. — *Baschet*.	5	»
Dumas (F.-G.). Catalogue illustré du musée du Luxembourg, in-16. — *Baschet*	3	50
Dumas (F.-G.). Catalogue illustré du salon de 1879, in-16. — *Baschet*.	5	»
Dumas (F.-G.). Catalogue illustré du salon de 1880, in-16. — *Baschet*.	5	»
Dumas (F.-G.). Catalogue illustré du salon de 1881, in-16. — *Baschet*.	5	»
Dumas (F.-G.). Catalogue illustré du salon de 1882, in-16. — *Baschet*.	5	»

	fr.	c.
Dumas (F.-G.). Catalogue illustré du salon de 1883, in-16. — *Baschet*.	5	»
Dumas (F.-G.). Catalogue illustré du salon de 1884, in-16. — *Baschet*	5	»
Dumas (F.-G.). Catalogue illustré de l'Union centrale des arts décoratifs en 1884, in-16. — *Baschet*	2	50
Dumas (F.-G.). Livret illustré du salon de 1883 (supplément), in-16. — *Baschet*.	5	»
Dumas (F.-G.). Livret illustré du salon de 1884 (supplément), in-16.— *Baschet*	3	50
Dumas (F.-G.). Modern artists, ouvrage in-folio publié en anglais, 36 eaux-fortes. — *Baschet*	500	»
Dumas (F.-G.). Supplément aux catalogues illustrés des salons de 1880 et de 1881, in-16. — *Baschet* . .	3	50
Duval (Mathias). L'anatomie artistique, in-4 anglais.— *Quantin*.	4	50
Galerie contemporaine, biographies d'artistes, planches et portraits en photoglyptie, 13 vol. parus, chaque vol. in-4. — *Baschet*	50	»
Garnier (Charles). Décorations peintes du nouvel Opéra de Paris, gr. in-folio. — *Ducher*	125	»
Garnier (Édouard). Histoire de la céramique, gr. in-8. *Mame*.	13	»
Gautier (Léon). La chevalerie, gr. in-4. — *Palmé* . .	40	»
Gerspach. La mosaïque, in-4 anglais. — *Quantin*. . .	4	50
Giraud (J.-B.). Les arts du métal, in-folio. — *Quantin*.	150	»
Gœthe. Faust, in-8, demi-reliure. — *Quantin*.	60	»
Goncourt (E. et J. de). L'art du XVIIIe siècle, 2 vol. gr. in-4. — *Quantin*.	185	»
Gonse (Louis). L'art japonais, 2 vol. in-4. — *Quantin*. .	200	»
Havard (Henry). La peinture hollandaise, in-4 anglais. — *Quantin*.	4	50
Houssaye (Arsène). La Comédie-Française, contenant les portraits des sociétaires en photogravure, in-4. — *Baschet*.	100	»

	fr.	c.
Hymans (H.). Compositions décoratives et allégoriques des grands maîtres de toutes les époques, accompagnées d'un texte explicatif, 2 séries. — *Claesen* :		
Première série, 48 planches in-folio	30	»
Deuxième série, 3 livraisons parues sur 12	30	»
La Fontaine. Fables, 2 vol. in-4, reliés. — *Quantin*. .	175	»
Lançon. Les animaux chez eux, contenant 16 eaux-fortes, in-4. — *Baschet*	50	»
Le Bon (Dr Gustave). La civilisation des Arabes, in-4.— *Didot*	40	»
Lecoy de la Marche. Les manuscrits et la miniature, in-4 anglais. — *Quantin*.	4	50
Lenormand (F.). Monnaies et médailles, in-4 anglais. *Quantin*.	4	50
Lescure (de). François Ier, gr. in-8. — *Ducrocq* . . .	15	»
Lescure (de). Henri IV, gr. in-8. — *Ducrocq*	15	»
Lescure (de). Marie-Antoinette, gr. in-8. — *Ducrocq*.	15	»
Lescure (de). Marie-Stuart, gr. in-8. — *Ducrocq* . . .	15	»
Lescure (de). Napoléon Ier, gr. in-8. — *Ducrocq*. . . .	15	»
Lostalot (A. de). Les procédés modernes de la gravure, in-4 anglais. — *Quantin*	4	50
Loth (Arthur). Saint Vincent de Paul et sa mission sociale, in-4, avec chromolithographies. — *Dumoulin*.	30	»
Mantz (Paul). François Boucher, in-folio. — *Quantin* .	100	»
Martin. L'archéologie étrusque et romaine, in-4 anglais. — *Quantin*	4	50
Mémoires de Benvenuto Cellini, in-8, cart. — *Quantin*.	55	»
Ménard (R.). Vie privée des anciens, 4 vol. in-8, illustrés, reliés. — *Des Fossez*.	120	»
Modèles (les) d'art décoratif du musée du Louvre, album in-folio. — *Quantin*.	150	»
Montrosier. Les chefs-d'œuvre d'art au musée du Luxembourg, contenant 41 photogravures Goupil et Cie, in-4. — *Baschet*.	120	»
Montrosier. Peintres modernes, avec planches en photogravure, in-8. — *Baschet*	12	»

	fr.	c.
Muller. La forêt, gr. in-8. — *Ducrocq*.	20	»
Müntz (Eug.). La tapisserie, in-4, anglais. —*Quantin*.	4	50
Palustre (Léon). La renaissance dans le nord de la France, 2 vol. in-folio. — *Quantin*.	275	»
Paris illustré, journal mensuel illustré en couleurs, in-folio. — *Baschet*. . . . . Chaque numéro.	1	»
Plon (Eug.). Benvenuto Cellini, orfèvre, médailleur, sculpteur, recherches sur sa vie, sur son œuvre et sur les pièces qui lui sont attribuées, gr. in-4, avec planches, rel. — *Plon*.	80	»
Plon (Eug.). Benvenuto Cellini, nouvel appendice aux recherches sur son œuvre et sur les pièces qui lui sont attribuées, in-4, rel. — *Plon*	25	»
Poë (Edgar). Histoires extraordinaires, 2 vol. in-8. — *Quantin*	50	»
Pons (A.-J.). Jason et Médée, traduction, in-32. — *Quantin*.	10	»
Racinet. L'ornement polychrome, gr. in-4, rel. — *Didot*	170	»
Rayet (Olivier). Les monuments de l'art antique, 2 vol. in-folio. — *Quantin*.	175	»
Reveil. Musée de peinture et de sculpture, 10 vol. in-18, rel. — *Des Fossez*	160	»
Roger-Ballu. Les dessins du siècle, contenant 65 dessins imprimés en couleurs, in-4. — *Baschet*.	36	»
Roselly de Lorgues. Christophe Colomb, illustré, in-4. — *Palmé*	35	»
Sauvageot. Art pour tous, 1 vol. contenant les années 7-9 (la 23e année, 1884, est en cours de publication), chaque année composée de 24 numéros. — *Des Fossez*.	30	»
Stuart, Revett et Hitorff. Antiquités d'Athènes et de l'Attique, 251 planches avec tables explicatives, in-folio. — *Des Fossez*.	125	»
Swift. Les voyages de Gulliver, traduits par B.-H. Gausseron, in-8, relié. — *Quantin*	25	»

fr. c.

Vincent de Paul (saint). Ses lettres, 2 vol. in-8. — *Dumoulin* . . . . 16 »
Viollet-le-Duc. L'art russe, in-8, cart. — *Des Fossez.* . 30 »
Wauters (A.-J.). La peinture flamande, in-4 anglais. — *Quantin* 4 50
Wolff (Albert). Cent chefs-d'œuvre, ouvrage de luxe, contenant 100 eaux-fortes, in-4. — *Baschet.* . . . . . 500 »

XVII. — PUBLICATIONS DIVERSES

Achille. Grand tableau-solfège, théorique et pratique, de musique en gros caractères, une feuille d'un mètre carré. — *Sarlit* . . . . 2 »
Achille. Solfège et lyre des écoliers, in-8. — *Sarlit* . . 1 »
Adhémar (J.). Révolutions de la mer, déluges périodiques, 2 vol. in-8. — *Colin.* . . . . 8 »
Bapst. L'étain, in-8 illustré. — *Masson* . . . . 13 »
Bertillon. Les races sauvages, in-8 illustré. — *Masson.* 13 »
Biart (Lucien). L'homme et son berceau, in-18. — *Hennuyer* . . . . 10 »
Bisson et de Lajarte. Grammaire de la musique, in-8. *Hennuyer* . . . . 2 »
Bisson et de Lajarte. Petite encyclopédie musicale, 2 vol. in-8. — *Hennuyer* . . . . 12 »
Bisson et de Lajarte. Petit traité de composition musicale, in-8. — *Hennuyer*. . . . . 5 »
Bollandistes (les). Acta sanctorum, 63 vol. in-fol. *Palmé.* 3675 »
Bouquet (dom). Recueil des historiens des Gaules et de la France, 23 vol. in-fol. — *Palmé.* . . . . 1250 »
Bourguin. Soyez bons pour les animaux, in-16. — *Ducrocq* . . . . 1 »
Boutet de Monvel. Chansons de France pour les petits Français, accompagnements de J. B. Weckerlin, album oblong, tiré en couleurs. — *Plon* . . . . 10 »

	fr.	c.
Boutet de Monvel. Vieilles chansons et rondes pour les petits enfants notées avec des accompagnements faciles par Ch. M. Widor, in-4 oblong tiré en couleurs. — *Plon*	18	»
Boylesve (le P. de). Manuel des congrégations de la sainte Vierge, avec cantiques, in-32 relié. *Poussielgue*.	2	65
Cahier spécial de devoirs mensuels, 68 pages. — *Colin* .	»	30
Cahier spécial de devoirs mensuels. — *Dupont*.	»	20
Canivet (Charles). Les colonies perdues (le Canada et l'Inde), in-16. — *Jouvet*.	2	25
Carnet de correspondance. — *Colin*	»	10
Caron (l'abbé). Méthode facile pour apprendre le véritable plain-chant, in-12. — *Sarlit*	»	80
Cauly. Cours d'instruction religieuse, in-18. — *Poussielgue*	3	75
Chanson de Marlborough (la), in-4. — *Ducrocq*	5	»
Chants pieux avec les airs notés, in-18. — *Mame et Poussielgue*.	1	60
Delibes (Léo). La fille du golfe, opérette, in-8. — *Hennuyer*.	5	»
Dislère. La guerre d'escadre et la guerre de côtes (les nouveaux navires de combat), in-8.— *Gauthier-Villars*.	7	»
Draper. Conflits de la science et de la religion, in-8.— *Alcan*.	6	»
Drohojowska (Mme la comtesse). Qualités et défauts des jeunes filles, in-12.— *Sarlit*.	2	70
Dubois (Ch.). Les poètes du foyer, in-18. — *Palmé* . .	1	»
Dumas (J. B.). Éloges et discours académiques, 2 vol. in-8.— *Gauthier-Villars*.	13	»
Dupanloup. Manuel des petits séminaires, in-18. — *Poussielgue*.	2	10
Duprato (J.). Le bonhomme hiver, opérette, in-8. — *Hennuyer*	5	»
Fourrière (l'abbé). Évangiles pour tous les dimanches et les principales fêtes de l'année, suivis de la sainte messe et des vêpres, in-18. — *Sarlit*	»	50

	fr.	c.
Fourrière (l'abbé). La religion comprise et aimée par les petits enfants, in-18, cart. — *Sarlit*.	»	40
Gautier (Léon). Les épopées françaises, 4 vol. gr. in-8. *Palmé*.	40	»
Giron (Aimé). La maison de Nazareth, in-8. — *Ducrocq*.	5	»
Giron (Aimé). Le sabot de Noël, gr. in-8. — *Ducrocq*. .	10	»
Gourdault (Jules). La femme dans tous les pays, in-8. *Jouvet*.	10	»
Guérin (Mgr Paul). Vie des saints, 2 vol. in-4. — *Palmé*.	60	»
Harmonisateur (l'). C. G. — *Sarlit*	1	50
Hennebert. L'art militaire, in-8 illustré. — *Masson*. .	13	»
Hennebert (lt. colonel). Les Anglais en Egypte (l'Angleterre et le Mâdhi), in-8. — *Jouvet*	2	25
Hennebert (lt. colonel). L'Europe sous les armes, in-16. *Jouvet*.	3	50
Herbert (lady). L'Algérie contemporaine illustrée, in-8. *Palmé*.	10	»
Lacome. La musique en famille, in-16 illustré. — *Hetzel*	2	»
Lafaugère. Manuel d'escrime, 1 vol. in-18, 1883. — *Roret*	2	50
Lamarche (A. P. de). Cahier mensuel. — *Picard-Bernheim*. Le cent.	25	»
Lamarche (A. P. de). Cahier unique de devoirs journaliers. — *Picard-Bernheim* :		
N° 1, le cent.	9	»
N° 2, le cent.	18	»
Lamarche (A. P. de). Carnet de correspondance entre l'école et la famille, piqûre, couverture forte. — *Picard-Bernheim*	»	15
Lamarche (A. P. de). Livret scolaire, in-8. — *Picard-Bernheim*	»	15
Lamarche (A. P. de). Sommaire quotidien des devoirs et leçons scolaires, in-12 cart. — *Picard-Bernheim*. .	»	20
Lasserre (Henri). Notre-Dame de Lourdes, illustrée, in-4. *Palmé*.	30	»

	fr.	c.
Lavoix fils (H.). La musique, in-4 anglais. — *Quantin*.	4	50
Legeay (dom). Noëls anciens, 2 vol. in-4. — *Palmé* . .	20	»
Le livre, année 1883, 2 vol. in-8. — *Quantin*	40	»
Le livre, première année de la publication (1880), 1 vol. in-8. — *Quantin*	54	»
Lenepveu (Ch.). Le retour de Jeanne, opérette. in-8. — *Hennuyer*	5	»
Ludolphe le Chartreux. Vita Jesu Christi, in-folio. — *Palmé*.	75	»
Magasin des demoiselles, édition bi-mensuelle, année 1882, 2 vol. rel. — *Hennuyer*	20	»
Magasin des demoiselles, album d'accessoires.	3	50
Magasin des demoiselles, édition bi-mensuelle, année 1883, 2 vol. brochés. — *Hennuyer*	15	»
Maine (duc du). Méditations sur le sermon sur la Montagne, gr. in-8. — *Palmé*	10	»
Mallet. Cours d'archéologie religieuse. — *Poussielgue* :		
Première partie, l'architecture, in-8	4	»
Deuxième partie, le mobilier, in-8.	4	»
Manuel des commençants, in-18.— *Mame et Poussielgue*.	»	70
Manuel de l'enfant de Notre-Dame des Anges, in-32 rel. *Poussielgue*	1	25
Manuel de l'étudiant chrétien en vacances, in-18. — *Poussielgue*.	2	»
Manuel de piété (nouveau), à l'usage des pensionnats et des écoles, in-32. — *Mame et Poussielgue*	1	40
Marthe (sainte). Gallia Christiana in provincias ecclesiasticas distributa, 16 vol. in-fol. — *Palmé*.	800	»
Massé (Victor). Le prix de famille, opérette, in-8. — *Hennuyer*.	5	»
Maury (le commandant). Le monde où nous vivons, in-18. *Hetzel*.	3	»
Meifredy (H.). Conseils de M. Honoré Arnould, in-18. — *Picard-Bernheim*	»	80
Mercadier. Chant, cours élémentaire, in-4. — *Dupont*.	1	»

	fr. c.
Philosophie chrétienne (cours élémentaire de), par le frère Louis de Poissy, in-12. — *Mame et Poussielgue* .	2 60
Pinel (Honoré). A b c du sportsman, in-4. — *Ducrocq* .	10 »
Poise. La reine d'une heure, opérette, in-8. — *Hennuyer*.	5 »
Prières et cantiques à l'usage de la jeunesse, in-18. — *Mame et Poussielgue*.	» 90
Régnault (R.-P.). Histoire de la philosophie, in-8. — *Poussielgue*.	1 65
Régnault (R.-P.). Manuel de piété à l'usage des collèges catholiques, in-32. — *Poussielgue*	1 65
Revue du monde catholique, 4 vol. par an. — *Palmé*. .	25 »
Revue des questions historiques, 2 vol. par an. — *Palmé*.	20 »
Rich (Anthony). Antiquités romaines et grecques, petit in-8. — *Didot*	12 50
Richou (Gabriel). La chronique de messire Bertrand du Guesclin, in-12. — *Palmé*.	3 50
Rohrbacher. Histoire universelle de l'église catholique, continuée par M. Guillaume, 13 vol. in-4. — *Palmé*. .	90 »
Sacountala de Calidâsâ, in-16. — *Librairie des bibliophiles*.	3 »
Saez de Melgar (Mme). La sociedad y sus costumbres, par Mme de Waddeville. — *Hennuyer*	5 50
Saint Luc. Évangile, in-16. — *Mame*	1 20
Salmanticensis collegii cursus theologicus, 20 vol. gr. in-8. — *Palmé*.	200 »
Zeller. Conduites d'eau, in-12. — *Des Fossez*	2 »
Waddeville (Mme de). Le monde et ses usages, in-38. — *Hennuyer*	4 50

XVIII. — MATÉRIEL D'ENSEIGNEMENT

Album de l'histoire de France, récompenses scolaires et bons points, tirés avec luxe. — *Jouvet* :	
Portraits, le cent.	4 »

	fr.	c.
Scènes et monuments, le cent.	5	»
Ardoisage Suzanne, adopté dans les écoles communales de Paris et de Bruxelles, garanti cinq ans, le mètre superficiel.	3	50
Ardoises factices sur bois, cours de coupe avec tampon. *Suzanne*. La pièce	1	»
Ardoises factices sur carton, imprimées, n° 3. — *Suzanne*. Le cent.	10	»
Ardoises factices sur carton, noires, n° 3. — *Suzanne*. Le cent.	7	50
Ardoises factices sur bois, trois placages collés, brevetées, unies, n° 3. — *Suzanne*. Le cent	30	»
Ardoises factices sur bois, trois placages collés, imprimées, n° 3. — *Suzanne*. Le cent.	34	»
Bons points métalliques, modèle de la ville de Paris. — *Suzanne*	Prix divers	
Boulier à main, modèle Pineaux. — *Suzanne*. La pièce.	1	»
Boulier s'accrochant au tableau noir, modèle Pineaux. *Suzanne*. La pièce.	6	»
Cartes manuelles, imprimées d'un côté : Angleterre. — *Suzanne*. Le cent.	30	»
Cartes manuelles, imprimées d'un côté : Brésil. — *Suzanne*. Le cent.	40	»
Cartes manuelles, imprimées d'un côté : France, Europe, Amérique. — *Suzanne*. Le cent.	25	»
Cartes manuelles, imprimées d'un côté : Portugal. — *Suzanne*. Le cent.	32	»
Cartes murales sur papier : France physique. — *Suzanne*. En feuilles.	6	»
Cartes murales sur papier : France politique. — *Suzanne*. En feuilles	6	»
Cartes murales sur toile ardoisée : Angleterre. *Suzanne*.	13	50
Cartes murales sur toile ardoisée : Espagne. — *Suzanne*.	20	»
Cartes murales sur toile ardoisée : Europe. — *Suzanne*.	11	»
Cartes murales sur toile ardoisée : France physique. — *Suzanne*.	21	»

	fr.	c.
Cartes murales sur toile ardoisée : France politique. — *Suzanne*	21	»
Métrage en classe, de Georgin. — *Suzanne*. La boîte.	3	»
Porte-crayon, cuivre blanchi, breveté. — *Suzanne*. Le cent	6	»
Porte-crayon, cuivre nickelé, breveté. — *Suzanne*. Le cent	8	»
Porte-crayon, fer bronzé. — *Suzanne*. Le cent	3	»
Tableau à volets, deux panneaux bois, deux panneaux toile et ferrure. — *Suzanne*. Le tableau	52	»
Tableau d'honneur, de Cougny. — *Suzanne*. En feuille.	5	»
Tableau en bois, barré en fer. — *Suzanne*. Le mètre superficiel	10	»
Tableau en carton, sans châssis. — *Suzanne*. Le mètre superficiel	8	»
Tableau en toile ardoisée, imprimée. — *Suzanne*. Le mètre superficiel	6	»
Tableau en toile ardoisée unie. — *Suzanne*. Le mètre superficiel	4	50
Taille-crayon-lime. — *Suzanne*. Le cent	15	»

TABLE DES MATIÈRES

DE LA PREMIÈRE PARTIE

SECONDE PARTIE

CLASSIFICATION

PAR NOMS D'ÉDITEURS

FÉLIX ALCAN

LIBRAIRE-ÉDITEUR, 108, BOULEVARD ST-GERMAIN, PARIS.

Ancienne Librairie Germer Baillière et Cie

Librairie médicale, scientifique et philosophique. Ouvrages de vulgarisation. Bibliothèque scientifique internationale.

	fr.	c.
Axenfeld. Traité des névroses, grand in-8.	22	50
Bartels. Maladies des reins, in-8.	17	50
Barthez et Sanné. Maladies des enfants, t. I, in-8.	18	50
Berthelot. La synthèse chimique, in-8.	6	»
Bouchardat. Formulaire magistral, in-18.	4	»
Bouchardat. De la glycosurie ou diabète sucré, in-8.	15	»
Bouchardat. Traité d'hygiène publique et privée, in-8. . . .	20	50
Bouchut et Després. Dictionnaire de thérapeutique, gr. in-8	29	»
Bougier. Précis de géographie, in-12.	7	»
Candolle (de). Origine des plantes cultivées, in-8	6	»
Carnot. La Révolution française, in-18	4	»
Caron. Cours de géométrie descriptive, 2 parties, in-8.	15	»
Clamageran. L'Algérie, in-12.	5	»
Collin. Lectures choisies, in-12	1	50
Combette. Cours élémentaire d'algèbre, in-8	12	»
Combette. Cours élémentaire d'arithmétique, in-8	8	»
Combette. Cours élémentaire de géométrie, in-8.	12	»
Combette. Cours élémentaire de mécanique, in-8.	7	»
Cornil. Leçons d'hygiène, in-18.	4	»
Cornil et Ranvier. Manuel d'histologie pathologique, 2 v. in-8	30	»

	fr.	c.
Deberle. Histoire de l'Amérique du Sud, in-12.	4	»
Dhombres. Précis d'histoire des temps modernes, in-12.	6	»
Draper. Les conflits de la science et de la religion, in-8	6	»
Dufet. Cours élémentaire de physique, in-12.	10	»
Durand-Fardel. Traité des eaux minérales, in-8	12	50
Fau. Anatomie des formes du corps humain, in-4.	32	50
Gaffarel. Les colonies françaises, in-18	5	»
Guiraud et Lacour-Gayet. Histoire romaine, in-12.	4	50
Jourdy. Le patriotisme à l'école, in-12	1	75
Lefebvre. Leçons élémentaires de physique et de chimie, in-12.	3	50
Lefebvre. Sciences expérimentales, in-12	3	»
Lemonnier. Cours élémentaire d'anatomie et physiologie végétales, in-12.	3	»
Lemonnier. Cours élémentaire de botanique, in-12	2	50
Lemonnier. Dix leçons de botanique, in-12.	1	50
Lenoir. Chimie élémentaire, in-12	5	»
Lenoir. Physique élémentaire, in-12	6	»
Lenoir. Histoire naturelle élémentaire, in-12.	5	»
Lenoir. Mathématiques élémentaires, in-12	5	»
Lévi. Morceaux choisis des philosophes allemands, in-18	2	»
Marey. La machine animale, in-8.	6	»
Marion. La solidarité morale, in-8.	6	»
Pérez (Bernard). Éducation dès le berceau, in-8.	5	»
Pérez (Bernard). Psychologie de l'enfant, in-12.	3	50
Perrier. Philosophie zoologique, in-8	6	»
Pisani. Analyse chimique, in-8	4	»
Pisani et Dirwell. La chimie du laboratoire, in-18.	5	50
Porchon. Cours de cosmographie, in-8.	7	»
Porchon. Éléments de cosmographie, in-12	3	50
Porchon. Éléments d'algèbre, in-12.	3	»
Porchon. Cours élémentaire d'arithmétique et de géométrie, in-12	2	»
Porchon. Éléments d'arithmétique, in-12	2	»
Porchon. Éléments de géométrie, in-12.	3	50
Quatrefages (de). L'espèce humaine, in-8	6	»
Rebière. Cours de trigonométrie, in-8	5	50
Régamey. Anatomie des formes du cheval, in-4	10	50
Ribot. L'hérédité psychologique, in-8.	8	50
Ribot. Les maladies de la mémoire, in-12	3	»
Ribot. Les maladies de la volonté, in-18.	3	»

fr. c.

Girard (M.). Les insectes. Traité élémentaire d'entomologie, 3 vol. in-8 et atlas avec figures noires. . . . . 70 »
— avec figures coloriées . . . . 130 »

Goyau. Traité pratique de maréchalerie, in-18, 364 figures. . . 10 »

Hallopeau. Traité élémentaire de pathologie générale, in-8 . . 11 »

Héraud. Nouveau dictionnaire des plantes médicinales, in-18, avec 261 figures. . . . . 6 »

Héraud. Jeux et récréations scientifiques, in-18 jésus, avec 207 figures . . . . 6 »

Héraud. Les secrets de la science, de l'industrie et de l'économie domestique, in-18 jésus, 205 figures . . . . 6 »

Kiener (L.-C.) **et Fischer.** Species général et iconographie des coquilles vivantes, 12 vol. in-8, avec 902 planches gravées et coloriées . . . . 900 »
Séparément le genre Troque, 480 pages, 120 pl. coloriées . . 140 »

Kuss et Duval. Cours de physiologie, avec 201 figures, in-18 jésus, cart. . . . . 8 »

Lavallée (A.). Arboretum segrezianum. Livraisons 1 à 5, in-4, avec 30 planches gravées . . . . 50 »

Lavallée. Les clématites à grandes fleurs, in-4, avec 24 planches lithographiées d'après nature . . . . 40 »

Littré. Dictionnaire de médecine, de chirurgie et de pharmacie, de l'art vétérinaire et des sciences qui s'y rapportent, gr. in-8, 15e édition, 2,000 pages, avec 600 figures . . . . 20 »

Livon (Ch.). Manuel de vivisections, in-8, avec 119 figures noires et coloriées. . . . . 7 »

Lombard. Atlas de la distribution géographique des principales maladies, in-4, 25 cartes imprimées en couleurs avec texte explicatif, cart. . . . . 12 »

Quatrefages (de). Hommes fossiles et hommes sauvages, gr. in-8, avec 150 figures dans le texte et une carte, cartonné. . . 18 »

Quatrefages (de) **et Hamy.** Les crânes des races humaines, in-4, avec 100 planches lithographiées et figures dans le texte. 160 »

Schribaux et Nanot. Eléments de botanique agricole, in-18, avec 262 figures dans le texte et une carte. . . . . 7 »

Science et nature, revue internationale illustrée, paraissant tous les samedis. Union postale, un an . . . . 32 »

Sicard (H.). Eléments de zoologie, in-8, avec 758 figures, cart. 20 »

Signol. Aide-mémoire du vétérinaire, in-18 jésus, avec 395 fig. 6 »

fr. c.

Dumas (F.-G.). Catalogue illustré de l'Union centrale des Arts décoratifs en 1884, in-16 . . . . 2 50

Dumas (F.-G.). Livret illustré du Salon de 1883 (supplément), in-16 . . . . 5 »

Dumas (F.-G.). Livret illustré du Salon de 1884 (supplément), in-16 . . . . 3 50

Dumas (F.-G.). Modern Artists, ouvrage in-folio publié en anglais, 36 eaux-fortes . . . . 500 »

Dumas (F.-G.). Supplément aux catalogues illustrés des Salons de 1880 et de 1881, in-16. . . . . 3 50

Houssaye (Arsène). La Comédie-Française, contenant les portraits des sociétaires en photogravure, in-4 . . . . 100 »

Lançon. Les animaux chez eux, contenant 16 eaux-fortes, in-4. 50 »

Montrosier. Les chefs-d'œuvre d'art au Luxembourg, contenant 41 photogravures Goupil et Cie, in-4. . . . . 120 »

Montrosier. Peintres modernes, in-8, avec planches en photogravure . . . . 12 »

Paris illustré. Journal mensuel illustré en couleurs, in-folio, chaque numéro . . . . 1 »

Pille et Adrien Marie. Musée de la jeunesse, contes illustrés en couleurs, in-8 . . . . 7 50

Roger-Ballu. Les dessins du siècle, contenant 65 dessins imprimés en couleurs, in-4. 36 »

Saint-Juirs. Le petit Nab, conte illustré par Grasset, in-8. . 6 »

Wolff (Albert). Cent chefs-d'œuvre, ouvrage de luxe, in-4, contenant 100 eaux-fortes . . . . 500 »

Vve EUGÈNE BELIN ET FILS

IMPRIMEURS-ÉDITEURS, 52, RUE DE VAUGIRARD, PARIS.

Livres pour l'enseignement primaire élémentaire, l'enseignement primaire supérieur, l'enseignement secondaire spécial, l'enseignement secondaire classique, les sciences mathématiques, physiques et naturelles, la comptabilité, le dessin.

André (D.). Arithmétique des écoles primaires, cours moyen, in-12. . . . . 1 50

Aristophane. Extraits, avec notes par Jacquet, in-12 . . . . 2 »

fr. c.

Aubertin. Histoire de la langue et de la littérature françaises au moyen âge, 2 vol. in-8. . . . . 16 »
Bainier. Géographie appliquée à la marine, au commerce, à l'industrie, à l'agriculture et à la statistique : l'Afrique, in-8. . 20 »
Bainier. Géographie appliquée à la marine, au commerce, à l'industrie, à l'agriculture et à la statistique : la France, in-8. . 20 »
Bénard (Th.). Dictionnaire classique universel illustré, in-12. 3 »
Bernard. Histoire sainte, cours élémentaire, in-12. . . . . . » 80
Bernard. Histoire sainte, cours moyen, in-12. . . . . 1 75
Bernard. Histoire sainte, cours supérieur, in-12. . . . . . . 1 60
Blanchet (D.). Biographie des hommes illustres, in-12. . . . 1 25
Blanchet (D.). Histoire de France, cours moyen, in-12. . . . 1 10
Blanchet (D.). Histoire générale, cours supérieur, in-12 . . 2 25
Blanchet (D.) **et Pinard.** Histoire de France; cours complet, in-12. . . . . 2 80
Bossuet. Choix de Sermons, avec notes par Gazier, in-12 . . . 3 »
Bruno (G.). Premier livre de lecture et d'instruction pour l'enfant, in-18. . . . . » 60
Bruno. (G.). Livre de lecture et d'instruction pour l'adolescent, in-18. . . . . » 60
Bruno (G.). Le Tour de la France par deux enfants, in-12. . 1 30
Bruno (G.). Francinet (partie du Maître), in-12. . . . . 2 50
Burat. Traité d'arithmétique, in-8. . . . . 4 »
César. Guerre des Gaules, avec notes par Lebaigue, in-12 . . . 1 40
Charles (E.). Lectures de philosophie, 2 vol. in-12. . . . . . 8 »
Charles (E.). Eléments de philosophie, tome Ier, psychologie, in-8. . . . . 7 50
Darchez. Cours de dessin géométrique, 1re partie, in-4. . . . 3 »
Darchez. Cours de dessin géométrique, 2e partie, in-4. . . . . 4 »
Drioux. Histoire contemporaine, in-12. . . . . 4 50
Drioux. Histoire romaine, in-12. . . . . 2 60
Drioux. Histoire sainte, in-18. . . . . 1 »
Drioux et Leroy. Atlas universel (A), in-4 . . . . 12 50
Dubon et Lacroix. Enseignement pratique de la géographie, atlas, cours élémentaire, in-4. . . . . » 90
Dubon et Lacroix. Enseignement pratique de la géographie, atlas, cours moyen, in-4. . . . . 1 30
Dubon et Lacroix. Enseignement pratique de la géographie, atlas; cours supérieur, in-4. . . . . 2 »
Edon. Éléments de grammaire latine, in-12. . . . . 2 »

	fr.	c.
Gosselet. Botanique, in-12.	3	50
Gosselet. Géologie, in-12.	2	50
Gripon. Cours complet de physique, in-12.	5	50
Henry. Cours critique et historique de littérature, in-12. . . .	3	50
Hérodote. Récits, avec notes par Lebaigue, in-12.	2	»
Heuzet. Selectæ e profanis scriptoribus historiæ, avec notes et thèmes d'imitation par Rouzé, in-12.	2	25
Homère. Iliade, avec notes par Brach, in-12.	3	50
Horace. Œuvres, avec notes par Aubertin, in-12.	2	»
La Bruyère. Les caractères, avec notes par Labbé, in-12. . .	2	50
La Fontaine. Fables, avec notes par Aubertin, in-12.	1	60
Lagarde. Leçons de topographie, in-4	3	50
Lanier (L.). Lectures de géographie, l'Amérique, in-12	4	»
Lanier (L.). Lectures de géographie, l'Afrique, in-12.	6	»
Lebaigue. Dictionnaire latin-français, in-8	9	50
Lebaigue. Livre de l'école, cours élémentaire, in-12	»	80
Lebaigue. Livre de l'école, cours moyen, in-12	1	25
Lebaigue. Livre de l'école, cours supérieur, in-12	1	50
Lebaigue. Morceaux choisis d'auteurs latins, tirés des meilleures traductions, in-12.	3	»
Lebaigue et Grisot. Morceaux choisis de littérature française, prose et poésie, cours élémentaire, in-12	2	»
Lebaigue et Grisot. Morceaux choisis de littérature française, prose et poésie; cours moyen, précédé d'extraits des auteurs du seizième siècle, in-12	3	25
Lebaigue et Grisot. Morceaux choisis de littérature française, prose et poésie; cours supérieur, précédé d'extraits des auteurs du dixième au seizième siècle, in-12	3	75
Leclair. Grammaire française complète, in-12	1	50
Leclair et Feuillet. Nouvelle grammaire grecque complète, in-8	3	»
Leclair et Feuillet. Nouvelle grammaire latine complète, in-8.	3	»
Leclair et Rouzé. Le style en action, in-18.	»	75
Leclair et Rouzé. Cours pratique de composition et de style, in-12.	1	60
Leclair et Rouzé. Grammaire de l'enfance, in-18.	»	50
Leclair et Rouzé. Grammaire française, cours élémentaire, in-12	»	75
Leclair et Rouzé. Grammaire française, cours moyen, in-12.	1	25

	fr. c.
Leclair et Rouzé. Grammaire française, cours supérieur, in-12	1 80
L'Instruction primaire, 6e année, in-8.	5 25
Maigne. Histoire de l'industrie, in-12.	3 60
Maigne. Nouvelles leçons de choses, partie du maître, in-12. .	2 50
Pallix. Les bataillons scolaires, instructions pratiques comprenant l'école du soldat, les principes d'assouplissement, l'école de tirailleurs, 69 planches avec légendes explicatives, in-4.	4 50
Pigeonneau (H.). Géographie à l'usage de l'enseignement secondaire des jeunes filles, 1re année, in-12	2 25
Pigeonneau (H.). Géographie à l'usage de l'enseignement secondaire spécial, 1re année, in-12	2 25
Pigeonneau (H.). Géographie à l'usage de l'enseignement secondaire classique, classe de quatrième, in-12	1 50
Pigeonneau (H.). Géographie physique et politique de la France et des cinq parties du monde ; cours complet, in-12	2 50
Platon. Extraits, avec notes, par Fouillée, in-12.	2 25
Rouzé. Petite grammaire pratique de la langue latine, in-12. .	2 »
Sévigné (Mme de). Lettres choisies, notes de Labbé, in-12. . .	2 »
Tacite. Historiarum quæ supersunt, avec notes par Person, in-12	2 »
Théâtre classique, avec notes par Aderer, Aulard, Gidel, Henry et Jonette, in-12	3 »
Virgile. Œuvres, avec notes par Aubertin, in-12.	2 25
Voltaire. Lettres choisies, avec notes par Aubertin, in-12. . .	2 50
Xénophon. Mémoires sur Socrate, avec notes par Maillet, in-12 .	2 »

2° CHROMOLITHOGRAPHIE : *les diverses collections* se composent d'environ 500 sujets, imitation de manuscrits, etc.; épreuves remarquables d'impression chromolithographique sur papier parchemin. — Papier dentelle, etc., texte en anglais, allemand, italien et espagnol.

DESSIN

1° MODÈLES GRAVÉS EN TAILLE-DOUCE : 267 planches, 11 cours; un type de chacune. — LAVIS : *Fouché* : 70 planches. — TÊTE *et divers éléments;* Bourgeois, Guillemet, Girodet, Le Barbier : 104 planches. — ETUDES D'APRÈS Raphael, Titien, Philippe de Champagne, Véronèse, Jules Romain, par *Bonnemaison, Normand,* etc.: 67 planches ; 5 belles planches au trait permettent de reconstituer les tableaux. — ACADÉMIE : 26 planches. *Le corps humain*, squelette, muscles (Werner), 6 planches.

2° MODÈLES LITHOGRAPHIÉS : 412 modèles, 15 cours, plusieurs types de chaque. — LAVIS : 48 modèles. ARCHITECTURE (ordres) : 10 modèles. — ORNEMENT (Carot, etc.) : 94 modèles.

TROPHÉES, ATTRIBUTS : Animaux, nature morte (Carot, etc.) : 77 modèles. — COURS VARIÉ (Vigneron) : 56 modèles. — FIGURE (Levasseur, Lécurieux, Fanoli, Carot, etc.) : 121 modèles.

CORPS HUMAIN : (Proportions, squelette, muscles), Léveillé, deux feuilles.

VULGARISATION

185 tableaux synoptiques gravés, lithographiés et chromolithographiés sur beau papier, format jésus.

---

	fr.	c.
Charavay (Etienne). L'héroïsme civil (1789-1880), in-16. . .	1	»
Charavay (Etienne). L'héroïsme militaire (1792-1815), in-16. .	1	»
Charavay (Etienne). L'héroïsme professionnel (1789-1882), in-16	»	80
Cheslay (G. R.). La convention nationale et son œuvre, grand in-8.	3	50
Diderot. Morceaux choisis, recueillis par Maurice Tourneux, in-16	1	50
Dubarry (Armand). Perdus sur la mer de corail, in-16.	»	80
Echard (Auguste). Un fils de l'Alsace : Kléber, in-16.	»	80
Fabre des Essarts. Dupleix et l'Inde française, in-16 . . .	1	»
Ferney (Jacques). Riquet et le canal du Midi, in-8.	2	50
Georges (I. M.). L'œuvre de Cambon, in-16	»	80
Gervais (A.). Chef et soldat, grand in-32	»	50
Gysaur (René). Les Parisiens célèbres	5	»
Hervilly (Ernest d'). Les historiettes de l'histoire, grand in-32.	»	50
Lelioux (Armand). Promenades au palais, in-8.	1	75
Levin (Charles). Un exemple à suivre : la Prusse après Iéna, in-16	»	80
Mirabeau. Morceaux choisis, recueillis par Ed. Milliet, in-16..	1	50
Moulin (H.). Les marins de la république, in-16.	1	50
Petit (Maxime). La défense de Lille en 1792, grand in-32. . .	»	50
Petit (Maxime). Le serment du Jeu de paume, grand in-32. . .	»	50
Petit (Maxime). Les Prussiens en Champagne, grand in-32. .	»	50
Pillegous (Marc). Une grande nuit : la nuit du 4 août, in-16.	»	80
Renard (Georges). Vie de Voltaire, in-8..	1	75
Robbe (Pierre). Les serviteurs de l'humanité (moyen âge), in-16.	1	»
Rousseau (J. J.). Morceaux choisis, recueillis par Georges Renard, in-16..	1	50
Schuwer (Charles). Simples notions de morale civique, grand in-32.	»	50

CLAESEN

LIBRAIRE-ÉDITEUR, 30, RUE DES SAINTS-PÈRES, PARIS.

Publications concernant les arts décoratifs, l'enseignement technique, le dessin.

Bajot (E.). Intérieurs d'appartements, meubles, dans les styles du quinzième au dix-septième siècle, 25 pl. en phototypie, in-folio.	62	50

	fr.	c.
Bléry (Eug.). Fleurs exotiques et de serre, dessinées d'après nature et lithographiées, 10 pl. in-folio	10	»
Capeinick (J.). Tableaux et panneaux décoratifs de fleurs, 1re série, 25 pl. in-folio.	40	»
Carpey (J.). Les joies de la vie, reproduction photographique des tableaux de l'auteur, 12 pl. in-4	22	»
Carpey (P.-J.). Tableaux décoratifs comprenant plafonds, panneaux, allégories, groupes, attributs.		
1re série, 21 planches in-folio en photographie.	55	»
2e — 12 — —	30	»
3e — 12 — —	30	»
Chéret (J.). La terre cuite française, 1re série, 25 pl. en héliogravure, in-folio	40	»
Deville (J.). Dictionnaire du tapissier, critique historique de l'ameublement depuis les temps anciens jusqu'à nos jours, 2 vol., atlas et texte, édition en couleurs.	80	»
Les mêmes, édition en noir.	60	»
Dietterlin (Wendel). Le livre de l'architecture, recueil de planches donnant la division symétrique et les proportions des cinq ordres, 210 pl. gr. in-4.	150	»
Fonteyne. Documents pratiques d'architecture, 120 pl. in-fol.	50	»
Gruz (H.). Motifs de peinture décorative pour appartements modernes, 42 pl. en chromolithographie, 18 pl. en teinte plate, accompagnées d'une feuille de texte, in-folio	140	»
Hougardy (L.). Cours de dessin industriel appliqué aux machines, 25 pl. gr. in-fol. oblong	12	»
Hougardy (L.). Modèles de mécanique appliqués à l'enseignement du dessin des machines, à l'usage des écoles industrielles, 30 pl. gr. in-4 oblong.	7	»
Hymans (H.). Compositions décoratives et allégoriques des grands maîtres de toutes les époques, accompagnées d'un texte explicatif :		
1re série, 48 planches in-folio.	30	»
2e — 3 livraisons parues sur 12	30	»
Lambotte (Léopold). Le carnet scientifique, renfermant : 1° l'univers intrasidéral; 2° le monde solaire; 3° l'atmosphère; 4° la terre, in-8.	3	50
Laureys (F.). Les cinq ordres, d'après le système décimal, in-8.	»	75

fr. c.

Laureys (F.). Cours classique d'architecture, comprenant l'analyse complète des cinq ordres, d'après le système décimal, 70 pl. in-fol. et texte . . . . 30 »

Liénard. Modèles d'ornements lithographiés par J. Hermann, à l'usage des écoles de dessin, 8 pl. in-plano . . . . 15 »

Liénard. Spécimens de la décoration et de l'ornementation au dix-neuvième siècle, 125 pl. in-fol. . . . . 125 »

Merlin (Th.). L'ameublement pratique de tous styles, 1re partie, 50 pl. gr. in-4 oblong. . . . . 30 »

2e partie, 50 pl., détails de meubles grandeur d'exécution, gr. in-4 oblong. . . . . 30 »

Meyer (E.). Amours et figures décoratives appliqués à l'art industriel, 28 pl. in-fol. 30 »

Monnoyer (Baptiste). Livre de fleurs, corbeilles, vases et guirlandes, dessiné et gravé d'après nature, 14 pl. in-fol. en photolithographie . . . . 20 »

Muller (Edouard). La flore pittoresque, fleurs et croquis d'après nature, 25 pl. gr. in-folio, en carton . . . . 60 »

Ortelius (Abraham). Recueil de cartouches, style Renaissance flamande, 1 vol. gr. in-4, 16 pl., édition en couleur. . . . . . 15 »

Le même, 1 vol. gr. in-4, 16 pl., édition en noir. . . . . . 12 »

Polisch (Ch.). Motifs de décoration moderne, reproduction phototypique des cartons de l'auteur, 1re série, 25 pl. in-fol. . 40 »

Prignot, Liénard et Coignet. L'ameublement moderne, collection variée de meubles de tous styles :

1re partie, 72 planches in-folio . . . . 60 »

2e — 72 — — . . . . 60 »

Prignot (E.). La tenture moderne, collection variée de tentures de tous styles :

1re série, 25 planches in-folio . . . . 25 »

2e — 25 — — . . . . 25 »

3e — 25 — — . . . . 25 »

4e — 25 — — . . . . 25 »

Rambert (Ch.). L'art dans l'industrie moderne, dessins, calques et croquis, 50 pl. gr. in-4 . . . . 30 »

Renard (Camille). Album d'archéologie, Inde, Perse, Assyrie, Egypte, Grèce, Empire romain, moyen âge, 87 pl. gr. in-4. . . 30 »

Ryssens de Lauw (J.-M.). L'architecture en Belgique, vingt-cinq façades conçues dans le goût de l'architecture belge au seizième siècle, 1re série, 25 pl. in-folio . . . . 25 »

fr. c.

Umé (Godefroid). L'art décoratif, modèles de décoration et d'ornementation do tous les styles et de toutes les époques, 121 pl. in-folio . . . . 60 »

Verdellet (J.). L'art pratique du tapissier, 60 pl. in-fol. et texte in-8. . . . . 60 »

Verdellet (J.). Manuel géométrique du tapissier, 65 pl. in-fol. et texte in-8 . . . . 60 »

ARMAND COLIN ET Cie

LIBRAIRES-ÉDITEURS, RUE DE MÉZIÈRES, 1, 3 ET 5.

Publications classiques pour l'enseignement élémentaire.

Adhémar (J.). Beaux-Arts et artistes, in-12 . . . . 2 »

Adhémar (J.). Révolutions de la mer, déluges périodiques, 2 vol. in-8. . . . . 8 »

Adhémar (J.). Traité d'arithmétique et d'algèbre, in-8 . . . . 6 »

Adhémar (J.). Traité de charpente, in-8 et atlas in-folio . . . 42 »

Adhémar (J.). Traité de la coupe des pierres, in-8 et atlas in-folio . . . . 34 »

Adhémar (J.). Traité de géométrie et trigonométrie, 2 vol. in-8. 8 »

Adhémar (J.). Traité de géométrie descriptive, in-8. . . . . 22 »

Adhémar (J.). Traité des ombres, in-8 et atlas in-folio. . . . 22 »

Adhémar (J.). Traité de perspective linéaire, in-8 et atlas in-folio. 34 »

Adhémar (J.). Traité des ponts biais, in-8 et atlas in-folio. . 26 »

Bénard. Année préparatoire d'histoire sainte, in-12. . . . . . » 60

Bénard. Textes et récits d'histoire sainte, 1re année, in-12. . . » 90

Bert (Paul). Deuxième année d'enseignement scientifique, in-12 1 50

Cahier spécial de devoirs mensuels, 68 pages. . . . . » 30

Carnet de correspondance, piqûre in-8. . . . . » 10

Carré et Moy. La première année de rédaction, partie de l'élève, in-12. . . . . » 90

Carré et Moy. La première année de rédaction, partie du maître, in-12 . . . . 2 50

Foncin. Textes et récits d'Histoire de France, 1re année, in-12. » 90

Foncin. Album de 29 cartes muettes, chaque carte. . . . . . » 05

Foncin. Année préparatoire de géographie, in-4. . . . . . . » 75

Foncin. Année préparatoire de géographie, partie du maître, in-4. 1 25

	fr. c.
Foncin. Première année de géographie, in-4.	1 30
Foncin. Première année de géographie, partie du maître, in-4.	2 50
Foncin. Deuxième année de géographie, in-4	3 90
Foncin. Deuxième année de géographie, partie du maître, in-4.	1 25
Guyau. Année enfantine de lecture, in-12.	» 60
Guyau. Année préparatoire de lecture, in-12	1 »
Guyau. Première année de lecture courante, in-12.	1 50
Guyau. Première année de lecture courante, partie du maître.	2 50
Instituteurs de l'académie de Clermont. Le plateau central, in-12	1 50
Laloi. Première année d'instruction morale et civique, in-12. .	» 90
Larive et Fleury. Année préparatoire de grammaire, in-12.	» 60
Larive et Fleury. Année préparatoire de grammaire, partie du maître, in-12	1 25
Larive et Fleury. Première année de grammaire, in-12 . .	» 75
Larive et Fleury. Première année de grammaire, partie du maître, in-12.	1 60
Larive et Fleury. Exercices de première année, in-12. . . .	» 75
Larive et Fleury. Exercices de première année, partie du maître, in-12.	1 60
Larive et Fleury. Deuxième année de grammaire, in-12. .	1 25
Larive et Fleury. Deuxième année de grammaire, partie du maître, in-12.	2 50
Larive et Fleury. Exercices de deuxième année, in-12. . .	1 25
Larive et Fleury. Exercices de deuxième année, partie du maître, in-12.	2 50
Larive et Fleury. Troisième année de grammaire, in-12 . .	1 80
Larive et Fleury. Troisième année de grammaire, partie du maître, in-12.	3 »
Lavisse (E.). Récits et entretiens familiers sur l'histoire de France, in-12.	» 60
Lavisse (E.). Année préparatoire d'histoire de France, in-12. .	» 60
Lavisse (E.). Première année d'histoire de France, in-12 . . .	1 10
Lavisse (E.). Deuxième année d'histoire de France, in-12. . . .	1 50
Lavisse (E.). Histoire générale, in-12.	1 »
Leyssenne. Année préparatoire d'arithmétique, in-12. . . .	» 60
Leyssenne. Première année d'arithmétique, in-12	» 80
Leyssenne. Première année d'arithmétique, partie du maître, piqûre in-12.	» 30

	fr. c.
Leyssenne et Bousquet. Exercices et problèmes de première année, in-12.	» 75
Leyssenne et Bousquet. Exercices et problèmes de première année, partie du maître, in-12.	1 60
Leyssenne. Deuxième année d'arithmétique, in-12	1 70
Leyssenne. Deuxième année d'arithmétique, partie du maître, in-12.	2 50
Leyssenne et Cuir. Exercices et problèmes de deuxième année, in-12.	» 80
Leyssenne et Cuir. Exercices et problèmes de deuxième année, partie du maître, in-12	1 80
Leyssenne et Barbier. Tableaux muraux de géométrie, montés sur toile, avec gorge et rouleau.	12 »
Marion. Leçons de morale, in-18.	4 »
Marion. Leçons de psychologie, in-18.	4 50
Néel. Premier livret de lecture, in-16.	» 30
Néel. Deuxième livret de lecture, in-16.	» 50
Néel. Troisième livret de lecture, in-16	» 60
Néel. Tableaux muraux de lecture, petit format, montés sur gorge et rouleau	10 »
Néel. Tableaux muraux de lecture, grand format, montés sur gorge et rouleau.	25 »
Niox (le commandant). Portefeuille de cartes muettes pour l'étude de la géographie physique et militaire, in-folio.	3 50
Niox (le commandant). Carte de la France et des pays voisins pour l'étude de la géographie physique et militaire, in-plano. .	11 »
Rocherolles. Premières lectures enfantines, in-12.	» 65
Rocherolles. Premières lectures enfantines, partie du maître, in-12	1 40
Rocherolles. Secondes lectures enfantines, in-12	» 75
Rocherolles. Troisièmes lectures enfantines, in-12	» 90
Viaud. Manuscrit scolaire, in-8	1 30
Vidal-Lablache. Carte murale de la France : villes	6 50
Vidal-Lablache. Carte murale de la France agricole et industrielle	6 50
Vidal-Lablache. Carte murale de la France : relief du sol. .	6 50
Vidal-Lablache. Carte murale : planisphère.	6 50

A. DELAHAYE ET E. LECROSNIER

LIBRAIRES-ÉDITEURS, PLACE DE L'ÉCOLE-DE-MÉDECINE, 23.

Publications relatives aux sciences médicales, physiques et naturelles.

	fr.	c.
Archives d'ophtalmologie, paraissant tous les deux mois. Prix de l'abonnement pour l'étranger.	25	»
Les mêmes. Collection complète, 1881 à 1883, 3 vol. avec fig. et planches.	60	»
Audhoui. Traité des maladies de l'estomac, in-8.	6	»
Bourgoin. Traité de pharmacie galénique, in-8.	16	»
Bra. Manuel des maladies mentales, in-18.	4	»
Buchholtz. Guide élémentaire du médecin praticien, in-8.	5	»
Cadiat. Traité d'anatomie générale appliquée à la médecine, 2 vol. in-8.	28	»
Charcot. Leçons sur le système nerveux, 2 vol. in-8	28	»
Charcot. Leçons sur les maladies du foie et des voies biliaires et des reins, in-8.	12	»
Charcot. Leçons sur les localisations dans les maladies du cerveau, in-8.	11	»
Descroizilles. Manuel de pathologie et de clinique infantiles, in-8.	12	»
Dubreuil. Eléments d'orthopédie, in-8	6	»
Dupuy. Manuel d'hygiène publique et industrielle, in-18	7	50
Erb. Traité d'électrothérapie, in-8.	13	»
Estradère. Traité élémentaire du massage, in-8	4	»
Fauvel (Ch.). Traité pratique des maladies du larynx, in-8	21	»
Fonssagrives. Traité de thérapeutique appliquée basé sur les indications, 2 vol. in-8	24	»
Fonssagrives. Formulaire thérapeutique à l'usage des praticiens, in-16	4	»
Fonssagrives. Leçons d'hygiène infantile, in-8.	10	»
Fonssagrives. Du rôle des mères, in-18	3	50
Fort. Anatomie descriptive et dissection, 3 vol. in-12	30	»
Fort. Manuel de physiologie humaine, in-18	10	»
Fort. Cours de médecine opératoire, in-18	6	»
Fort. Manuel de pathologie interne, in-18, cart	6	50
Fort. Résumé de pathologie et de clinique chirurgicales, in-32	5	»

	fr.	c.
Fournier (Alfred). Leçons cliniques sur la syphilis, in-8. . . .	21	»
Gubler. Leçons de thérapeutique, in-8.	10	»
Guéneau de Mussy (Noël). Clinique médicale, t. III, in-8.	13	»
Guérin (Alphonse). Clinique des maladies des organes génitaux internes de la femme, in-8.	10	»
Guttmann (Paul). Traité du diagnostic des maladies des organes thoraciques et abdominaux, in-12.	7	»
Jaccoud. Traité de pathologie interne, 3 vol. in-8.	50	»
Jaccoud. Leçons de clinique médicale faites à l'hôpital de la Charité, in-8.	15	»
Jaccoud. Leçons de clinique médicale faites à l'hôpital Lariboisière, in-8.	15	»
Jaccoud. Leçons de clinique médicale faites à l'hôpital de la Pitié, in-8.	13	»
Jaccoud. Curabilité et traitement de la phtisie pulmonaire, in-8.	10	»
Lancereaux. Traité d'anatomie pathologique, tome Ier, in-8 .	20	»
Lancereaux. Traité d'anatomie pathologique, tome II, in-8 .	25	»
Lancereaux. Traité de l'herpétisme, in-8.	7	»
Latteux. Manuel de technique microscopique, ou Guide pratique pour l'étude et le maniement du microscope, in-8	7	50
Lecorché. Traité théorique et pratique de la goutte, in-8. . . .	13	»
Lecorché et Talamon (Ch.). Etudes médicales faites à la maison municipale de santé, in-8.	12	»
Legrand-du-Saulle. Etude médico-légale sur les testaments, in-8.	9	»
Legrand-du-Saulle. Etude médico-légale sur l'interdiction des aliénés et sur le conseil judiciaire, in-8.	8	»
Luys. Traité clinique et pratique des maladies mentales, in-8 . .	17	»
Mallez (E.). Formulaire des maladies des voies urinaires, in-18,	3	50
Miot et Baratoux. Traité théorique et pratique des maladies de l'oreille et du nez, in-8	6	»
Murchison (C.). Leçons cliniques sur les maladies du foie, in-8.	12	»
Neumann (I.). Traité des maladies de la peau, in-8.	13	»
Nielly. Eléments de pathologie exotique, in-18.	10	»
Nielly. Hygiène des Européens dans les pays intertropicaux, in-18	5	50
Panas. Leçons sur les rétinites, in-8.	6	»
Péan. Diagnostic et traitement des tumeurs de l'abdomen, tome Ier, in-8	15	»

fr. c.

Rabuteau (A.). Traité élémentaire de thérapeutique et de pharmacologie, in-8 . . . . 19 »

Rabuteau (A.). Traité élémentaire de chimie médicale. 1re partie : Chimie minérale, in-8. . . . . 11 »

Ranvier. Leçons d'anatomie générale sur le système musculaire, in-8. . . . . 12 »

Riant (A.). Leçons d'hygiène, in-18. . . . . 6 »

Sappey. Traité d'anatomie descriptive, 4 vol. in-8. . . . . . . 60 »

Sappey. Atlas d'anatomie descriptive. 1re partie : Ostéologie, arthrologie, in-4, 38 planches, coloriées. . . . . 30 »

Sée. Du diagnostic et du traitement des maladies du cœur, et en particulier de leurs formes anomales, in-8 . . . . 12 »

Sée (G.). Des dyspepsies gastro-intestinales, in-8. . . . . 10 »

Sée (Germain) **et Labadie-Lagrave**. De la phtisie bacillaire des poumons, in-8 . . . . 11 »

Simon. Conférences thérapeutiques et cliniques sur les maladies des enfants, 2 vol. in-8. . . . . 14 »

Thomas (L.). Traité des opérations d'urgence, in-8. . . . . . 7 50

Thomas (L.). Traité des opérations usuelles, in-18 . . . . . 6 »

Wecker et Landolt. Traité complet d'ophtalmologie, 3 forts vol. in-8. . . . . 51 »

Woillez. Traité théorique et clinique de percussion et d'auscultation, in-8 . . . . 10 »

DELALAIN FRÈRES

IMPRIMEURS-ÉDITEURS, 56, RUE DES ÉCOLES, PARIS.

Publications pour l'enseignement primaire, l'enseignement secondaire spécial, l'enseignement secondaire des jeunes filles, l'enseignement secondaire classique. Annuaire de l'instruction publique en France. Imprimés administratifs.

Annuaire de l'Instruction publique, année 1884, 1 vol. in-8. . . 7 50

Bouant. Cours de physique et de chimie à l'usage des écoles normales primaires d'instituteurs, première année, in-12 . . . 2 50

Bouant. Cours de physique et de chimie, à l'usage des écoles normales primaires d'instituteurs, deuxième année, in-12 . . . 4 »

	fr.	c.
Bouant. Cours de physique et de chimie, à l'usage des écoles normales primaires d'instituteurs, troisième année, in-12 . . .	4	»
Bouant. Cours de physique et de chimie à l'usage des écoles normales primaires d'institutrices, deuxième année, in-12 . . .	3	»
Bouant. Cours de physique et de chimie à l'usage des écoles normales primaires d'institutrices, troisième année, in-12. . .	4	»
Bouant. Éléments usuels des sciences physiques et naturelles, cours élémentaire, in-12.	1	»
Bouant. Éléments usuels des sciences physiques et naturelles, cours moyen, in-12.	1	25
Bouant. Éléments usuels des sciences physiques et naturelles, Cours supérieur, in-12	1	25
Bouant. Leçons de choses, in-12.	2	»
Bouant. Premiers éléments des sciences expérimentales et histoire naturelle des pierres et des terrains, in-12.	2	50
Bournand. Précis de l'histoire de l'art, in-12	1	50
Briand. Tableaux d'histoire générale de 395 à 1789, in-4 . . .	6	»
Chassaing. Notions usuelles de droit civil, in-12.	3	»
Chaveneau. Rome ancienne, in-12	1	75
Chevallier. Atlas de géographie physique et historique, in-fol.	15	»
Chevallier. Histoire de l'Europe et particulièrement de la France, de 395 à 1270.	5	»
Chevallier et Todière. Histoire de l'Europe et particulièrement de la France, de 1270 à 1610, in-12	5	»
Choublier. Cours d'histoire de France, in-12	4	»
Cornelius Nepos. Vies des grands hommes, avec notes par W. et Ch. Rinn, in-12	1	20
Corréard. Choix de textes sur les institutions de la France, in-12	4	»
Day. The history of little Jack, avec notes par Elwall, gr. in-18.	1	»
Dottain. Histoire ancienne, in-12.	1	75
Dottain. Histoire de la Grèce, in-12	2	50
Dresch. Dialogues, conversations, interrogations en allemand et en français, in-32.	2	»
Dresch. Dictionnaire allemand-français et français-allemand, in-18	8	»
Elwall. Dictionnaire anglais-français et français-anglais, in-8. .	12	»
Elwall. Grammaire anglaise, in-12	1	50
Elwall. Petit dictionnaire anglais-français et français-anglais, in-18	5	»

fr. c.

Elwall et East. Dialogues, conversations, interrogations, en français et en anglais, in-32 . . . . 2 »

Fénelon. Aventures de Télémaque, édition complète, à l'usage de l'enseignement secondaire classique, avec notes par S. Bernage, in-12. . . . . 2 25

Feugère. Morceaux choisis des prosateurs et poètes des dix-huitième et dix-neuvième siècles, à l'usage de la classe de rhétorique, in-12 . . . . 4 50

Gasquet. Cours de géographie générale, in-12. . . . . 5 »

Geoffroy. Dictionnaire français-latin, in-8. . . . . 3 75

George. Leçons élémentaires d'hygiène, in-12 . . . . 2 »

Géruzez. Histoire abrégée de la littérature française, in-12 . . 3 »

Gréard. L'enseignement secondaire des filles, in-8 . . . . . . 7 »

Jacob. Lexique étymologique latin-français, in-8 . . . . 8 »

Joly. Éléments de morale et de psychologie, in-12 . . . . 2 50

Joly. Notions de pédagogie, in-12. . . . . 3 »

Krummacher. Paraboles choisies, avec notes par E. Hallberg, gr. in-18. . . . . 1 50

La Fontaine. Fables à l'usage de l'enseignement secondaire classique, avec notes par A. Noël, in-12 . . . . 2 50

La Fontaine. Fables à l'usage de l'enseignement secondaire spécial et de l'enseignement secondaire des jeunes filles, avec notes par A. Noël, in-12 . . . . 2 »

Langlebert. Cours de chimie, in-12 . . . . 4 »

Langlebert. Cours d'histoire naturelle, in-12 . . . . 4 »

Langlebert. Cours de physique, in-12 . . . . 4 »

Langlebert. Éléments de géologie et de botanique, in-12. . . 3 25

Langlebert. Éléments de zoologie, in-12 . . . . 2 25

Lebon. Géométrie descriptive à l'usage de l'enseignement secondaire spécial, cours de troisième année, in-8 . . . . 3 »

Lebon. Géométrie descriptive à l'usage de la classe de mathématiques élémentaires, in-8. 5 »

Lebon. Supplément à la géométrie descriptive de la classe de mathématiques élémentaires, in-8. . . . . 3 50

Lebon. Géométrie descriptive à l'usage de la classe de mathématiques spéciales, 2 vol. in-8. . . . . 12 »

Mager. Cours de législation commerciale, industrielle et financière, in-12 . . . . 4 »

Mamet. Notions de géographie scientifique, in-12. . . . . . . 3 50

Maréchal. Biographies des hommes illustres, in-12. . . . . . 1 75

	fr.	c.
Maréchal. Histoire contemporaine, in-12	6	»
Maréchal. Histoire romaine, in-12.	5	»
Noël. Histoire abrégée de la langue et de la littérature françaises, in-12	3	50
Pessonneaux. Gradus ad Parnassum, in-8.	6	»
Petit de Julleville. Notions générales sur les origines et sur l'histoire de la langue française avec anciens textes commentés, in-12.	2	50
Plaute. Extraits de ses comédies, avec notes par A. Bougot, in-12	3	75
Pouthas. Éléments d'histoire générale, in-12	4	»
Rabelais et Montaigne. Chapitres relatifs à l'éducation, avec notes par E. Talbot, in-12	2	50
Racine. Les Plaideurs, comédie, avec notes par Ch. Rinn, in-12	1	»
Regodt (Henri). Notions d'histoire naturelle, in-12.	2	25
Regodt (Honoré). Notions de chimie, in-12	1	75
Regodt (Honoré). Notions de physique, in-12.	2	25
Reynaud. Éléments d'arithmétique, in-12.	3	»
Reynaud. Éléments d'algèbre, in-12.	3	50
Rinn. Littérature, composition et style, in-12.	4	»
Sanis. Géographie de la France, in-12.	2	50
Schiller. Guerre de 30 ans, avec notes par E. Hallberg, gr. in-18.	3	»
Schmitt. Lectures enfantines en allemand, in-18.	1	25
Subercaze. Certificat d'études primaires, première année, à l'usage des maîtres (dictées, etc.), in-12.	2	»
Subercaze. Certificat d'études primaires, deuxième année, à l'usage des maîtres (dictées, etc.), in-12.	2	»
Tacite. Œuvres, avec notes, par E. Dupuy, in-12	6	50
Talbot. Dictionnaire français-grec, in-8	7	»
Tarnier. Petit traité de geométrie pratique, in-12	2	50
Thucydide. Extraits de la guerre du Péloponèse, avec notes par Bébin, in-12	2	25
Todière. Histoire de l'Europe et particulièrement de la France, de 1610 à 1789, in-12.	4	»
Voltaire. Lettres choisies, avec notes par G. Feugère, in-12. .	2	50
Vuillemin. Atlas des bassins des grands fleuves de la France et de l'Europe, avec tracé des chemins de fer, in-folio	12	»

DES FOSSEZ ET Cie

Ancienne maison Ve A. MOREL *et* Cie

13, RUE BONAPARTE, PARIS.

Librairie centrale d'architecture. — Ouvrages spéciaux sur l'architecture, les constructions, l'aménagement et l'hygiène de toutes écoles; sur l'enseignement de l'archéologie, du dessin, des beaux-arts et des arts industriels.

	fr.	c.
Audran. Proportions du corps humain, 30 pl. in-folio, avec texte explicatif, cart.	9	»
Baudot (de). La sculpture française au moyen âge et à la Renaissance, 120 planches in-folio en héliogravure et texte illustré, rel.	285	»
Bosc. Traité complet, théorique et pratique, du chauffage et de la ventilation, in-8, rel.	24	»
Bourgerel. Fragments d'architecture et de sculpture, 101 planches in-folio, en carton.	50	»
Boussard. Petites habitations françaises, 100 planches gr. in-4, et texte in-4, rel.	155	»
Chabat. Meubles. Première partie : ébénisterie (extraits du journal de menuiserie), 100 planches in-4, avec texte explicatif illustré, rel.	70	»
Chabat. Meubles. Deuxième partie : menuiserie, 120 planches in-4, avec texte explicatif illustré, rel.	85	»
Chabat. Dictionnaire des termes employés dans la construction, 4 vol. gr. in-8, rel.	136	»
Château (Léon). Histoire de l'architecture en France, rel. . .	10	50
Cornu. Cours élémentaire et gradué du dessin de la figure humaine, 30 feuilles in-folio avec explication des planches, rel. .	10	»
Cougny. Enseignement du dessin, 10 planches in-folio . . .	5	»
Lanck. Traité de la construction moderne, 2 vol. in-4, br. . .	75	»
Ménard (R.). Vie privée des anciens, 4 vol. in-8 illustrés, rel.	120	»
Narjoux. Architecture communale, 2 vol. gr. in-4 de 150 planches et texte, rel.	144	»
Narjoux. Architecture scolaire, 72 planches gr. in-4, avec texte explicatif, cart.	87	»
Narjoux. Logements à bon marché, in-8.	1	25
Narjoux. Ecoles normales primaires, in-8, rel.	16	»

	fr.	c.
Narjoux. Ecoles primaires et salles d'asile, in-12.	2	50
Narjoux. Ecoles publiques, en France, Angleterre, Belgique, Hollande et Suisse, 3 vol. in-8, rel.	32	»
Narjoux. Paris de 1850 à 1880, monuments élevés par la Ville, 4 vol. in-folio, comprenant 300 planches, avec texte	380	»
Narjoux. Règlement des écoles, in-8.	2	»
Pfnor. Etudes de décorations, des XVIe, XVIIe, XVIIIe et XIXe siècles, 20 planches in-plano, rel.	45	»
Reveil. Musée de peinture et de sculpture, 10 vol. in-18, rel. .	160	»
Riester. Ornements tirés des quatre écoles, 2 vol. in-4, 410 pl. en carton	120	»
Sallembier. Principes d'ornements pour l'étude de l'architecture, 40 planches in-folio, cart.	10	»
Sauvageot. Art pour tous, 1 vol. contenant les années 7 et 9. La 23e année (1884) en cours de publication. Chaque année composée de 24 numéros	30	»
Sergent. Traité pratique et complet de tous les mesurages, métrages, jaugeages de tous les corps, 2 vol. de texte in-8 et atlas de 59 planches	50	»
Stuart, Revett et Hittorff. Antiquités d'Athènes et de l'Attique, 251 planches, avec tables explicatives, in-folio	125	»
Viollet-le-Duc. Compositions et dessins, 100 planches quart grand aigle, imprimées en chromolithographie, héliogravure, taille-douce et typographie, rel.	170	»
Viollet-le-Duc. L'Art russe, in-8, cart.	30	»
Viollet-le-Duc. Dictionnaire raisonné de l'architecture française du XIe au XVIe siècle, 10 vol. in-8, rel.	340	»
Viollet-le-Duc. Dictionnaire raisonné du mobilier français de l'époque carlovingienne à la Renaissance, 6 vol. in-8, rel. . . .	324	»
Viollet-le-Duc. Habitations modernes, 2 vol. in-folio, 200 planches avec texte explicatif, rel.	260	»
Zeller. Conduites d'eau, in-12	2	»

PAUL DUCROCQ

LIBRAIRE-ÉDITEUR, 55, RUE DE SEINE, PARIS.

Librairie d'éducation. Ouvrages élémentaires. Publications destinées aux bibliothèques scolaires et populaires. Livres illustrés pour récompenses.

[Tous les prix indiqués sont ceux des ouvrages **cartonnés** ou **reliés**, tels qu'ils sont exposés.]

	fr.	c.
Andrieux. Œuvres choisies, in-8.	8	50
Barr (Maurice). Mémoires d'une poule noire, in-4	10	»
Beaulieu (M. de). Le Robinson de douze ans, in-8.	5	»
Blanchard (R.). Les accidents de l'enfance, in-8.	5	»
Boscowitz. Les volcans, gr. in-8	15	»
Bourguin. Soyez bons pour les animaux, in-16.	1	»
Chanson de Marlborough (la), in-4.	5	»
Choix gradué de cinquante fables, in-16.	»	50
Cinquante fables pour les petits enfants, in-16.	1	»
Comédies de l'enfance (Les), in-4.	6	»
Corneille (P.). Chefs-d'œuvre, in-8.	7	50
Desbeaux (E.). Le jardin de Mlle Jeanne, in-4.	10	»
Desbeaux (E.). Les pourquoi de Mlle Suzanne, in-4.	10	»
Desbeaux (E.). Les parce que de Mlle Suzanne, in-4.	10	»
Desbeaux (E.). Les découvertes de M. Jean, in-4.	10	»
Desbeaux (E.). Les idées de Mlle Marianne, in-4.	10	»
Desbeaux (E.). Les projets de Mlle Marcelle, in-4.	10	»
Desbeaux (E.). Les campagnes du général Toto, in-4.	6	»
Desbeaux (E.). Le jardin de Mlle Jeanne, in-12.	5	»
Dupont (H. A.). La citolégie ou l'art d'apprendre promptement à lire, édition illustrée, in-16.	»	50
Dupont (H. A.). La citolégie à l'usage des mères de famille, in-4	3	»
Dupont (H. A.). Le premier livre de lecture, in-16	1	»
Dupont (H. A.). Premier livre de lecture courante ou l'histoire sainte, in-18.	»	70
Dupont (H. A.). Leçons de choses, récits enfantins, cours élémentaire (garçons).	1	»
Dupont (H. A.). Leçons de choses, récits enfantins, cours moyen (garçons).	1	»

	fr.	c.
Dupont (H. A.). Leçons de choses, récits enfantins, cours élémentaire (filles).	1	»
Dupont (H. A.). Leçons de choses, récits enfantins, cours moyen (filles).	1	»
Dupont (H. A.). Lectures graduées, conversations et historiettes, 1re partie, in-18	»	60
Dupont (H. A.). Lectures graduées, 2e partie, in-18.	»	60
Dupont (H. A.). Lectures graduées, 3e partie, in-18.	»	60
Dupont (H. A.). Lectures graduées, 4e partie, in-18.	»	60
Dupont (H. A.). Récits sur les premières connaissances usuelles, in-12	1	25
Farine (Ch.). Kabyles et Kroumirs, in-8	8	»
Galland. Les mille et une nuits, in-8	7	50
Giron (Aimé). La maison de Nazareth, gr. in-8.	5	»
Giron (Aimé). Le sabot de Noël, gr. in-8	10	»
Gœpp (Ed.). Grands hommes de la France, hommes de guerre, 1e série, in-12	4	50
Gœpp (Ed.). Grands hommes de la France, hommes de guerre, 2e série, in-12.	4	50
Gœpp (Ed.). Grands hommes de la France, hommes de guerre, 3e série, in-12.	4	50
Gœpp (Ed.). Grands hommes de la France, hommes de guerre, 4e série, in-12.	4	50
Gœpp (Ed.). Grands hommes de la France, industriels, in-12.	4	50
Gœpp (Ed.). Grands hommes de la France, marins, 1e série, in-12	4	50
Gœpp (Ed.). Grands hommes de la France, marins, 2e série, in-12	4	50
Gœpp (Ed.). Grands hommes de la France, navigateurs, in-12	4	50
Hugot (Victor). Petit traité complet d'agriculture et d'horticulture, in-12.	1	50
Laboulaye (Ed.). Contes et nouvelles, in-8.	5	»
Lescure (de). François Ier, gr. in-8.	15	»
Lescure (de). Henri IV, gr. in-8.	15	»
Lescure (de). Marie-Antoinette, gr. in-8.	15	»
Lescure (de). Marie Stuart, gr. in-8.	15	»
Lescure (de). Napoléon Ier, gr. in-8	15	»
Mangin (A.). Les savants illustres de la France, in-8.	8	»
Molière. Œuvres choisies, in-8	7	50

	fr.	c.
Muller (E.). La forêt, gr. in-8.	20	»
Perrault. Contes, in-4.	6	»
Pinel (Honoré). A, B, C du Sportsman, in-4.	10	»
Poupée bien élevée (la), texte par une maman, in-8.	5	»
Racine. Œuvres choisies, in-8	7	50
Rengade (Dr). Premières notions d'hygiène, in-12.	1	»
Rengade (Dr). Portez-vous bien, in-12.	3	50
Rozan (Ch.) Au milieu des hommes, in-12.	5	»
Rozan (Ch.). La bonté, in-12.	5	»
Rozan (Ch.). La jeune fille, in-12.	5	»
Rozan (Ch.). Le jeune homme, in-12.	5	»
Rozan (Ch.). Petites ignorances de la conversation, in-12 . . .	5	»
Rozan (Ch.). A travers les mots, in-12	5	»
Sachot (O.). Curiosités zoologiques et botaniques, in-12. . . .	3	50
Sachot (O.). Les grandes cités de l'Ouest américain, in-12. . .	3	50
Sachot (O.). Nègres et Papous, in-12.	3	50
Sachot (O.). Récits de voyages, aventures, types et croquis, in-12.	3	50
Sachot (O.). La Sibérie orientale et l'Amérique russe, in-12. .	3	50
Sachot (O.). La Sibérie orientale, l'Amérique russe et les régions polaires, in-8.	8	»
Sanderval (Olivier de). De l'Atlantique au Niger, in-8. . . .	8	»
Séguin (A.). Le Robinson noir, in-8.	8	»
Swift. Voyages de Gulliver, in-8	7	50

D. DUMOULIN ET Cie

5, RUE DES GRANDS-AUGUSTINS, PARIS.

Demay (G.). Le costume au moyen âge d'après les sceaux, gr. in-8.	20	»
Loth (Arthur). Saint Vincent de Paul et sa mission sociale, in-4, avec chromolithographies.	30	»
Vincent de Paul (saint). Ses lettres, 2 vol. in-8.	16	»

PAUL DUPONT

IMPRIMEUR-ÉDITEUR, RUE JEAN-JACQUES-ROUSSEAU, 41.

Ouvrages d'enseignement : méthodes et livres de lecture, langue française, classiques français, anglais et allemands, latins et grecs, éléments d'arithmétique et de géométrie, histoire, géographie, agriculture, sciences physiques et naturelles, hygiène, etc.

	fr. c.
Bonnier. Animaux, in-12	2 25
Bonnier. Botanique, 1re année, in-12	2 25
Bonnier. Eléments des sciences physiques et naturelles, cours élémentaire, in-12	» 80
Bonnier. Eléments des sciences physiques et naturelles, cours moyen, in-12	1 25
Bonnier. Leçons de choses, in-12	2 25
Bonnier. Livrets-leçons de choses (nos 1 à 7), le livret	» 25
Bonnier. Pierres et terrains, in-12	2 25
Bonnier. Végétaux, in-12	2 25
Bonnier. Vingt leçons de choses, in-12	1 25
Bonnier. Zoologie, 1re année, in-12	2 25
Bossuet. Oraisons funèbres, avec notes de Cahen, in-12	2 25
Bovier-Lapierre. Eléments de trigonométrie, in-12	1 50
Byron. Childe Harold, in-12	3 »
Cahier spécial de devoirs mensuels	» 20
Combette. Géométrie, classe de quatrième, in-12	1 50
Combette. Géométrie, classe de troisième, in-12	2 »
Combette. Géométrie, classe de seconde, in-12	2 50
Conférences pédagogiques, in-12	2 »
Descieux. Leçons d'hygiène, in-12	» 50
Descieux. Entretiens d'hygiène, in-12	1 25
Filhol. Zoologie, in-12	3 50
Garnier-Gentilhomme. Grammaire, cours élémentaire, in-12	» 75
Georgin. Leçons élémentaires de rédaction, in-18	» 60
Gœthe. Iphigénie, in-12	1 50
Henrion. Les oiseaux, les insectes, in-12	1 25
Jannettaz. Morceaux choisis, in-12	1 50
La Bruyère. Les caractères, avec notes par d'Hugues, 2 vol. in-12	4 »

	fr.	c.
Lafargue. Langue française, classe de huitième, in-12	1	25
Lafargue. Langue française, classes de septième et de sixième, in-12	1	50
Lafargue et Pichon. Langue française, classe préparatoire, in-12.	1	»
La Fontaine. Fables, avec notes par Ruelle, in-12	1	25
Le Béalle. Collection de dix cahiers de dessin.	1	»
Leçons élémentaires de pédagogie, in-12.	2	»
Lehugeur. Géographie élémentaire de la France, in-4	2	25
Lessing. Minna de Barnhelm, in-12	1	50
Lois et programmes de l'enseignement primaire, in-8	3	»
Louandre. Morceaux choisis, in-12	3	»
Matrat (Mlle). Éducation maternelle, 1er degré, in-12.	»	60
Matrat (Mlle). Éducation maternelle, 2e degré, in-12.	»	60
Matrat (Mlle). Le tour de l'année, in-12.	»	80
Mercadier. Chant, cours élémentaire, in-4	1	»
Molière. Les femmes savantes, avec notes de Ch. Livet, in-12.	1	50
Molière. L'avare, avec notes de Ch. Livet, in-12.	1	50
Molière. Le misanthrope, avec notes de Ch. Livet, in-12 . . .	1	50
Molière. Les précieuses ridicules, avec notes de Ch. Livet, in-12.	1	50
Molière. Le tartuffe, avec notes de Ch. Livet, in-12.	1	50
Montaigne. Essais, avec notes de Fauron, in-12.	3	»
Morienne. Cours d'arithmétique, 1re année, in-12	1	50
Naudet. Poésies de la jeunesse, in-12.	1	50
Pascal. Les provinciales, avec notes de Maillet, in-12	2	»
Pellat. Physique à l'usage de la classe de mathématiques spéciales, 1er fascicule, in-8	7	»
Pellat. Physique à l'usage de la classe de mathématiques spéciales, 2e fascicule, in-8.	7	»
Pinet et Naudet. Lectures manuscrites, in-12.	»	80
Plâtrier. Nouveau cours d'études primaires, le livret	»	25
Pruvost. Géométrie analytique, in-8.	7	»
Rapet. Cours d'études, partie du maître, gr. in-8.	4	»
Rebière et Monniot. Eléments d'arithmétique, in-12. . . .	2	50
Rebière. Éléments de calcul, in-12	1	50
Rebière. Premières notions de géométrie, in-12	1	60
Saint-Germain. Cours d'algèbre, classe de troisième, in-12. .	2	»
Saint-Germain. Cours d'algèbre, classe de seconde, in-12 . .	2	50
Schmitt. Abrégé de grammaire allemande, in-12.	1	50

	fr.	c.
Schmitt. Cours élémentaire de thèmes allemands, in-12.	1	50
Séguin. Chimie, classe de sixième, in-12.	1	50
Séguin. Physique, classe de sixième, in-12	2	25
Séguin. Physique, classe de troisième, in-12	3	»
Séguin. Chimie, classe de philosophie, in-12.	3	»
Shakspeare. Jules César, in-12.	1	50
Shakspeare. Richard III, in-12.	2	»
Suckau (de). Premier livre d'allemand, in-12	1	50
Suérus. Histoire ancienne des peuples de l'Orient, in-12. . . .	2	25
Suérus. Histoire de France avec vignettes, cours élémentaire, in-12	»	80
Taiclet. Citographie cursive, collection de huit cahiers. . . .	3	60
Taiclet. Collection de dix cahiers d'écriture	»	90
Tessereau. Cours d'hygiène, in-12	3	»
Théry. Simples lectures pour les écoles, in-12	1	50
Villemereux. Premier livre de lecture.	»	25
Villemereux. Tableaux de lecture sur 29 cartons	12	»
Vissemans. Méthode pratique de conjugaison française, in-12.	»	80
Ysabeau. Cours pratique d'agriculture, 4 vol. in-12	6	»

FIRMIN-DIDOT ET Cie

IMPRIMEURS-ÉDITEURS, 56, RUE JACOB, PARIS.

Librairie d'éducation. Bibliothèque des auteurs français. Livres illustrés. Publications scientifiques et artistiques.

Abrégé du dictionnaire de l'Académie française, gr. in-8, rel.	13	»
Audsley (W. et G.). La peinture murale décorative dans le style du moyen âge, in-fol., cart.	50	»
Becquerel (père). Eléments d'électro-chimie, in-8, rel. . . .	10	»
Becquerel (père). Traité d'électricité et de magnétisme, 7 vol. in-8 et atlas, rel.	96	»
Becquerel (père et fils). Traité d'électricité et de magnétisme, 3 vol. in-8, rel.	30	»
Bosc. Dictionnaire général de l'archéologie et des antiquités, in-16, rel.	10	»
Bosc (E.). Dictionnaire de l'art, de la curiosité et du bibelot, gr. in-8, rel.	50	»

	fr.	c.
Bouvier (Dr). Flore des Alpes, cart.	14	»
Cherville (marquis de). Histoire naturelle en actions, in-4, cart.	7	»
Clément (Félix). Histoire abrégée des Beaux-Arts, in-8, rel. .	20	»
Deschamps. Dictionnaire de géographie ancienne et moderne, in-8, rel.	46	»
Franklin (Alfred). Les sources de l'histoire de France, in-8, rel.	30	»
Gaffarel (Paul). L'Algérie, rel.	40	»
Joubert (Léo). Dictionnaire de biographie générale, petit in-8, br.	6	»
Lambert (Ed.). Traité pratique de botanique, petit in-8, rel. .	6	»
Le Bon (Dr Gustave). La civilisation des Arabes, in-4, rel. . .	40	»
Le Maout et J. Decaisne. Traité général de botanique descriptive et analytique, in-4, rel.	35	»
Nisard (Désiré). Bibliothèque latine, avec la traduction française, 28 vol. gr. in-8, br.	448	»
Nisard (Désiré). Histoire de la littérature française, 4 vol. in-18 rel.	24	»
Nisard (Désiré). Précis de l'histoire de la littérature française, in-18, br.	4	»
Petits poètes français, 2 vol. gr. in-8, rel.	26	»
Racinet. L'ornement polychrome, gr. in-4, rel.	170	»
Rambosson. Harmonies du son et histoire des instruments de musique, gr. in-8, rel.	14	»
Rambosson. Histoire des astres, gr. in-8, cart.	12	50
Rambosson. Histoire des météores et des grands phénomènes de la nature, gr. in-8, cart.	8	50
Rambosson. Histoire et légendes des plantes utiles et curieuses gr. in-8.	8	»
Rambosson. Les pierres précieuses, gr. in-8, cart.	8	50
Ramée (Daniel). L'architecture et la construction pratiques, petit in-8, rel.	8	50
Raymond (Emmeline). Education et morale pour tous les âges, in-18, cart.	4	»
Raymond (Emmeline). La civilité non puérile, mais honnête, in-18, cart.	5	»
Raymond (Emmeline). Leçons de couture, in-18, cart. . . .	5	»
Rich (Anthony). Antiquités romaines et grecques, petit in-8, rel.	12	50
Smith (W.). Biographie, mythologie, géographie anciennes, petit in-8, cart.	12	50
Theil. Dictionnaire latin-français, in-8, cart.	8	50
Theil. Recueil de morceaux choisis, 7 vol. in-12, rel.	21	»

	fr.	c.
Endrès (E.). Manuel du conducteur des ponts et chaussées. 3 vol. in-8.	27	»
Faye (H.). Cours d'astronomie de l'École polytechnique, 2 vol. grand in-8 :		
Ire PARTIE : *Astronomie sphérique. — Géodésie et Géographie mathématique.*	12	50
IIe PARTIE : *Astronomie solaire. — Théorie de la Lune. — Navigation.*	14	»
Faye (H.). Sur l'origine du monde, *Etudes cosmogoniques des anciens et des modernes,* in-8.	5	»
Flammarion (Camille). L'astronomie, Revue mensuelle d'astronomie populaire, de météorologie et de physique du globe, l'année (Paris)	12	»
Hélie. Traité de balistique expérimentale, in-8.	18	»
Jamin (J.). Cours de physique de l'École polytechnique, 4 vol. in-8.	67	»
Jenkin (Fleeming). Electricité et magnétisme, petit in-8 . . .	12	»
Jordan (Camille). Cours d'analyse de l'École polytechnique, 3 vol. in-8 (les deux premiers sont seuls publiés) :		
Tome Ier. Calcul différentiel.	11	»
Tome II. Calcul intégral (*Intégrales définies et indéfinies*).	12	»
Lagrange. Œuvres complètes, Ire série, 7 vol. in-4 (tomes I à VII), chaque volume	30	»
Lagrange. Œuvres complètes, IIe série, 7 vol. in-4 :		
Tome VIII. *Résolution des équations numériques*	18	»
Tome IX. *Théorie des fonctions analytiques*.	18	»
Tome X. *Leçons sur le calcul des fonctions*.	18	»
Laplace. Œuvres complètes, in-4.		
Traité de mécanique céleste, tomes I à V.	90	»
Exposition du système du monde, tome VI.	20	»
Lucas (Edouard). Récréations mathématiques, 2 vol. petit in-18.	15	»
Mannheim (A.). Cours de géométrie descriptive de l'École polytechnique, grand in-8	17	»
Marie (Maximilien). Histoire des sciences mathématiques et physiques, petit in-8, 5 vol. parus.	30	»
Mathieu (Émile). Théorie de la capillarité, in-4.	10	»
Miquel (P.). Les organismes vivants de l'atmosphère, grand in-8	9	50
Pizzighelli et Hübl. La platinotypie, traduction de Henry Gauthier-Villars, in-8.	3	50

fr. c.

Resal (H.). Physique mathématique, in-4. . . . . 15 »

Resal (H.). Traité de mécanique céleste, in-4 . . . . 25 »

Rouché (Eugène) **et Comberousse** (Charles de). Traité de géométrie, in-8. . . . . 16 »

Salmon (G.). Traité de géométrie analytique (courbes planes), in-8. . . . . 12 »

Société française de physique. Collection de mémoires sur la physique :

Tome I. *Mémoires de Coulomb,* grand in-8. . . . . 12 »

Souchon (Abel). Traité d'astronomie pratique, grand in-8. . . 15 »

Trutat (E.). Traité élémentaire du microscope, in-8. . . . . . 8 »

Trutat (E.). La photographie appliquée à l'histoire naturelle, in-18 . . . . 4 50

Witz (Aimé). Cours de manipulations de physique, préparatoire à la licence, in-8. . . . . 12 »

HACHETTE ET Cie

LIBRAIRES-ÉDITEURS, 79, BOULEVARD S^t^.-GERMAIN, PARIS.

Éducation. — Enseignement. — Livres illustrés. — Publications pour l'enseignement primaire, l'enseignement secondaire spécial, l'enseignement secondaire des jeunes filles, l'enseignement secondaire classique et l'enseignement supérieur.

Albert-Lévy. Premiers éléments des sciences expérimentales, in-16 . . . . 2 50

Ami de l'enfance (l'), journal mensuel des écoles maternelles, prix annuel . . . . 5 »

Baillon. Cours élémentaire de botanique, in-16 . . . . 3 »

Barral et Sagnier. Cours d'agriculture et d'horticulture, 3 vol. in-16 :

Cours élémentaire. . . . . » 60

Cours moyen . . . . » 90

Cours supérieur. 1 50

Beljame (Al.). Premier livre de lectures anglaises, in-16. . . 1 50

Beljame (Al.). Second livre de lectures anglaises, in-16. . . . 1 50

fr. c.

Bibliothèque des écoles et des familles, illustrée de nombreuses gravures :
- Première série, 17 vol. gr. in-8, chaque vol. relié 3 80
- Deuxième série, 59 vol. in-8, chaque vol. relié. . . . . 2 »
- Troisième série, 41 vol. in-16, chaque vol. relié. 1 50
- Quatrième série, 20 vol. petit in-16, chaque vol. relié . . . » 80
- Cinquième série, 63 vol. in-18, le vol. broché . . . . » 15

Bibliothèque des merveilles, publiée sous la direction de M. Édouard Charton, 102 vol. in-16, illustrés de nombreuses gravures, chaque vol. relié. 3 50

Bibliothèque des petits enfants de 4 à 8 ans, 11 vol. in-16, illustrés de nombreuses gravures, chaque vol. relié. 3 50

Bibliothèque illustrée (petite), 41 vol. in-16, avec gravures, chaque vol. br. . . . . » 50

Bibliothèque rose illustrée, pour les enfants et les adolescents, 207 vol. in-16, illustrés de nombreuses gravures, chaque vol. relié 3 50

Bos. Notions de géométrie plane, à l'usage de l'enseignement secondaire des jeunes filles, in-16 . . . . 1 50

Bos et Rebière. Éléments de géométrie, in-8 . . . . 7 »

Bossert et Beck. Lectures allemandes, à l'usage de l'enseignement secondaire des jeunes filles, première et deuxième années, 2 vol. in-16. . . . . 4 »

Boutet de Monvel. Notions de chimie, in-16. . . . . . . 2 50

Brachet et Dussouchet. Cours de grammaire française, 6 vol. in-16 :
- *Cours élémentaire.* Livre de l'élève . . . . » 60
- — Livre du maître. . . . . » 90
- *Cours moyen.* Livre de l'élève. 1 25
- — Livre du maître. 1 50
- *Cours supérieur.* Livre de l'élève. 1 50
- — Livre du maître. . . . . 2 »

Braeunig et Dax. Exercices pratiques de langue allemande, in-16 . . . . 1 50

Bréal et Bailly. Leçons de mots latins, 2 vol. in-16. . . . . 3 75

Bréal et Bailly. Leçons de mots grecs, in-16 . . . . 1 50

Choix de fables de La Fontaine, Florian et autres auteurs par M. Defodon, in-16 . . . . » 60

Corneille. Le Cid, avec notes par Anthoine, in-16. . . . . . 1 25

Corneille. Le Menteur, avec notes par Lavigne, in-16 . . . . 1 »

fr. c.

Cornelius Nepos. Texte latin, avec commentaire par Monginot, gr. in-8. . . . . 6 »
Cortambert. Cours de géographie, in-16. . . . . 4 25
Cortambert. Géographie de la France, in-16. . . . . 3 »
Demogeot. Textes classiques de littérature française, 2 vol. in-16 . . . . 6 »
Dictionnaire de pédagogie et d'instruction primaire, publié, sous la direction de M. Buisson, avec le concours d'un grand nombre de collaborateurs et composé de deux parties :
La première partie (*partie générale ou théorique*) comprend les doctrines, la législation et l'histoire de l'enseignement, elle formera 2 vol. in-8 . . . . 40 »
La deuxième partie (*partie spéciale ou pratique*) est complète en 2 vol. in-8 . . . . 38 »
Ducoudray. Cours d'histoire, à l'usage de l'enseignement primaire, 3 vol. in-16 :
Cours élémentaire . . . . » 60
Cours moyen 1 10
Cours supérieur. 1 80
Ducoudray. Histoire générale à l'usage de l'enseignement secondaire spécial, 2 vol. in-16. . . . . 6 50
Ducoudray. Histoire de France et histoire contemporaine, de 1789 à la constitution de 1875, in-16 . . . . 6 »
Duruy (Victor). Histoire de France, 2 vol. in-16 . . . . 8 50
Ganot. Traité élémentaire de physique, in-16 . . . . 8 »
Gervais. Cours élémentaire d'histoire naturelle, 2 vol. in-16. . 6 »
Gossin. Cours de physique, à l'usage de l'enseignement secondaire spécial, in-16. . . . . 3 »
Gossin. Cours élémentaire de physique, à l'usage de l'enseignement secondaire des jeunes filles, 3 vol. in-16 . . . . 7 40
Henriet (d'). Le dessin des petits enfants, 4 cahiers petit in-4. Chaque cahier . . . . » 25
Henriet (d'). Cours de dessin des écoles primaires :
Cours élémentaire, 3 cahiers . . . . » 75
Cours moyen, 5 cahiers. 1 25
Cours supérieur, 6 cahiers 1 50
Homère. Iliade, texte grec, avec commentaire par Alexis Pierron, 2 vol. gr. in-8 . . . . 16 »
Homère. Iliade. Texte grec, avec notes par Alexis Pierron, in-16. 3 50
Joly. Chimie à l'usage de l'enseignement secondaire spécial, in-16. 3 »

	fr. c.
Jost, Humbert et Braeunig. Lectures pratiques, 2 vol. in-16 :	
Cours élémentaire, 1 vol.	» 90
Cours moyen et supérieur, 1 vol.	1 50
Journal de la jeunesse, Nouveau recueil hebdomadaire illustré, pour les enfants de 10 à 15 ans, paraissant depuis 1873 ; chaque année, formant 2 vol. gr. in-8	20 »
Kotzebue. Le petite ville allemande, texte allemand, avec notes par Bailly, in-16	1 50
Labbé. Morceaux choisis des classiques français, 3 vol. in-16 :	
Cours élémentaire	1 »
Cours moyen	1 50
Cours supérieur	2 50
Launay. Eléments d'algèbre, in-16	3 »
Lemonnier et Schrader. Éléments de géographie, 3 vol. :	
Cours élémentaire, in-4	1 »
Cours moyen, in-4	1 60
Cours supérieur, in-4	2 40
Littérature populaire, 89 vol. in-16, chaque vol. relié	1 75
Littré et Beaujean. Abrégé du Dictionnaire de la langue française de Littré, gr. in-8	14 50
Littré et Beaujean. Petit dictionnaire universel, in-16	3 »
Longfellow. Evangeline et poèmes choisis, in-16	3 50
Lorrain (A.). Récits patriotiques, in-16	1 50
Lucien. Dialogues des morts, avec notes par Tournier et Desrousseaux, in-16	1 50
Mabilleau. Cours d'instruction morale et civique, 4 vol. :	
Instruction morale. Cours élémentaire et moyen, in-16	» 60
— — Cours supérieur, in-16	» 90
Instruction civique. Cours élémentaire et moyen, in-16	» 60
— — Cours supérieur, in-16	1 50
Maintenon (Mme de). Extraits de ses lettres sur l'éducation, avec introduction par O. Gréard, in-16	2 50
Mangin. Éléments de botanique, à l'usage de l'enseignement secondaire des jeunes filles, in-16	3 »
Manoury. Méthode d'écriture, 12 cahiers gradués in-4 :	
Cahiers nos 1 à 10 (cursive) ; chaque cahier	» 09
Cahiers n° 11 (ronde), et n° 12 (bâtarde et gothique) ; chaque cahier	» 11

fr. c.

Manuel général de l'instruction primaire, journal hebdomadaire des instituteurs et des institutrices; prix de l'abonnement pour un an . . . . 6 »

Margottet. Chimie à l'usage de l'enseignement secondaire des jeunes filles, in-16 . . . . 1 50

Merlet. Études littéraires sur les classiques français des classes supérieures et du baccalauréat ès lettres, 2 vol. in-16 . . . . . 8 »

Merlet. Études littéraires sur les grands classiques latins, à l'usage de l'enseignement secondaire des jeunes filles, in-16 . . . . 4 »

Mon Journal, Recueil mensuel pour les enfants ; prix de l'abonnement pour un an 1 80

Monternault (Mme). Simples récits sur l'ancien et le nouveau Testament, in-18. 1 50

Nouvelle collection pour la jeunesse et l'enfance, 72 vol. in-8, chaque vol. relié. 8 »

Ovide. Morceaux choisis des Métamorphoses, avec notes par L. Armengaud, in-16. 1 80

Pape-Carpantier (Mme). Nouvelles histoires et leçons de choses pour les enfants, in-16. . . . . 2 25

Pascal (E.). Le livre de l'élève soldat, in-16. . . . . 1 25

Pécaut (Dr Elie). Cours d'hygiène, in-16 . . . . 2 »

Pécaut (Dr Elie). Petit cours d'hygiène, in-16. . . . . » 75

Pécaut (Dr Elie). Cours d'anatomie et de physiologie humaines, in-16 . . . . 2 50

Perrier. Éléments de zoologie, in-16 . . . . 3 »

Perrier. Éléments d'anatomie, in-16 . . . . 3 »

Pichard. Nouveau code de l'instruction primaire, in-16. . . . 5 »

Pichot. Algèbre élémentaire, in-16. . . . . 2 50

Pichot. Arithmétique et géométrie à l'usage de l'enseignement secondaire des jeunes filles, 2 vol. in-16 . . . . 4 »

Pichot. Géométrie usuelle, in-16 . . . . 1 25

Pichot. Traité élémentaire de cosmographie, in-8. . . . . 6 »

Pontsevrez. Cours de morale, in-16. . . . . 3 »

Privat-Deschanel et Pichot. Notions élémentaires de physique, in-16 . . . . 5 »

Rabier (E.). Leçons de philosophie : psychologie, in-8. . . . 7 50

Reclus (Onésime). Géographie : la terre à vol d'oiseau, 2 vol. in-16 . . . . 10 50

Reclus (Onésime). France, Algérie et colonies, in-16. . . . . 5 75

fr. c.

Saffray (D[r]). Éléments usuels des sciences physiques et naturelles, 6 vol. :

Cours élémentaire. Livre de l'élève, in-16. . . . . » 60
— Livre du maître, in-16. . . . . 1 50
Cours moyen. Livre de l'élève, in-16. . . . . » 90
— Livre du maître, in-16. . . . . 1 50
Cours supérieur. Livre de l'élève, in-16. . . . . 1 50
— Livre du maître, in-16. . . . . 2 50

Sallustius. De conjuratione Catilinæ ; de bello Jugurthino, avec notes par R. Lallier, in-16. . . . . 1 80

Scherdlin. Lectures enfantines allemandes, in-16 . . . . . . 1 25

Scherdlin. Morceaux choisis d'auteurs allemands, 7 vol. in-16. 7 50

Sévigné (Mme de). Lettres choisies, avec notice par Ad. Regnier, in-16 . . . . 1 80

Théâtre classique, avec notes par Ad. Régnier, in-16 . . . . . . 3 »

Vapereau. Esquisse d'histoire de la littérature française, in-16. 1 50

Vintéjoux. Éléments d'arithmétique et de géométrie, 2 vol.

Cours élémentaire, in-16 . . . . » 60
Cours moyen, in-16 . . . . » 90

Virgilius. Opera, avec notes par Benoist, in-16. . . . . . . 2 25

Wirth (Mlle E.). La future ménagère, in-16 . . . . 1 80

HENNUYER

IMPRIMEUR-ÉDITEUR, RUE LAFFITTE, 47, ET RUE DARCET, 7.

Ouvrages d'éducation et de récréation. — Littérature, sciences naturelles, musique.

Biart (Lucien). A travers l'Amérique, in-8. . . . . 18 »

Biart (Lucien). Entre deux océans, in-18 . . . . 4 50

Biart (Lucien). Le fleuve d'or, in-18 . . . . 4 50

Biart (Lucien). Le roi des prairies, in-18 . . . . 4 50

Biart (Lucien). L'homme et son berceau, in-8. . . . . 10 »

Bisson et de Lajarte. Grammaire de la musique, petit in-8. 2 »

Bisson et de Lajarte. Petite encyclopédie musicale (tome I et tome II), petit in-8. . . . . 12 »

Bisson et de Lajarte. Petit traité de composition musicale, petit in-8. . . . . 5 »

	fr.	c.
Carré (A.). Nos petits procès, in-18	4	50
Célières (Paul). Contez-nous cela, in-18	4	50
Célières (Paul). En scène, S. V. P., in-18	3	50
Célières (Paul). Les grandes vertus, in-18	3	50
Célières (Paul). Quand il pleut, in-18	4	50
Célières (Paul). Une heure à lire, in-18	4	50
Chazel (Prosper). Histoire d'un forestier, in-8	10	»
Delibes (Léo). La fille du golfe, opérette, in-8	5	»
Duprato (J.). Le bonhomme Hiver, opérette, in-8	5	»
La Lecture en Famille. Année 1880, in-8	6	50
La Lecture en Famille. Année 1881, in-8	6	50
La Lecture en Famille. Année 1882, in-8	6	50
La Lecture en Famille. Année 1883, in-8	6	50
La Lecture en Famille. Année 1884, in-8	6	50
Lelièvre (Dr). Hygiène pratique, in-18	3	50
Lélu (Paul). En Algérie, in-18	4	50
Lenepveu (Ch.). Le retour de Jeanne, opérette, in-8	5	»
Le Senne (N.-M.). Droits et devoirs de la femme devant la loi française, petit in-8	7	»
Magasin des Demoiselles. Édition bi-mensuelle, année 1883, 2 vol. in-4	15	»
Magasin des Demoiselles. Édition bi-mensuelle, année 1882, 2 vol. in-4	20	»
Magasin des Demoiselles. Album d'accessoires	3	50
Massé (Victor). Le prix de famille, opérette, in-8	5	»
Navery (Raoul de). Les voyages de Camoens, in-18	4	50
Parodi (D.-A.). Le théâtre en France, in-18	3	50
Pizzetta (J.). Plantes et bêtes, in-8	10	»
Pizzetta (J.). Le feu et l'eau, in-18	4	50
Poise (F.). La reine d'une heure, opérette, in-8	5	»
Saez de Melgar (Mme). La sociedad y sus costumbres (édition espagnole du Monde et ses usages de Mme de Waddeville), in-18	5	50
Waddeville (Mme de). Le monde et ses usages, in-18	4	50

J. HETZEL ET Cie

LIBRAIRES-ÉDITEURS, RUE JACOB, 18, PARIS.

Bibliothèque et Magasin d'Éducation et de Récréation. — Bibliothèque des professions industrielles, commerciales et agricoles. — Bibliothèque des jeunes Français.

	fr.	c.
Anquez. Histoire de France, in-18	3	»
Audoynaud. Entretiens sur la cosmographie, in-18	3	»
Bailey Aldrich. Histoire d'un écolier américain, in-8, illustré .	5	»
Block (Maurice). *Entretiens familiers sur l'administration de notre pays :* l'Agriculture, in-16	1	50
Block (Maurice). *Entretiens familiers sur l'administration de notre pays :* le Budget, in-16	1	50
Block (Maurice). *Entretiens familiers sur l'administration de notre pays :* le Commerce, in-16	1	50
Block (Maurice). *Entretiens familiers sur l'administration de notre pays :* la Commune, in-16	1	50
Block (Maurice). *Entretiens familiers sur l'administration de notre pays :* le Département, in-16.	1	50
Block (Maurice). *Entretiens familiers sur l'administration de notre pays :* la France, in-16	1	50
Block (Maurice). *Entretiens familiers sur l'administration de notre pays :* l'Industrie, in-16	1	50
Block (Maurice). *Entretiens familiers sur l'administration de notre pays :* l'Impôt, in-16	1	50
Block (Maurice). *Entretiens familiers sur l'administration de notre pays :* Paris, institutions administratives, in-16	1	50
Block (Maurice). *Entretiens familiers sur l'administration de notre pays :* Paris, organisation municipale, in-16	1	50
Block (Maurice). Petit manuel d'économie pratique, in-16. . .	1	50
Cahiers d'une élève de Saint-Denis. Cours complet et gradué d'éducation, par deux anciennes élèves de la maison de la « Légion d'honneur » et par Louis Baude, 17 vol. in-18	57	»
Collin (P.). Études de dessin d'après les grands maîtres, 1 album in-folio	20	»
Courtois Gérard. Manuel de jardinage, in-18, avec figures.	5	»
Dana. Manuel du géologue, in-18, avec figures.	4	»
Dubail. Atlas classique de géographie universelle, gr. in-8 . .	8	»

	fr.	c.
Egger. Histoire du livre, in-18	3	»
Faraday. Histoire d'une chandelle, in-18.	3	»
Foucou. Histoire du travail, in-18	3	»
Gramont (comte F. de). Les vers français et leur prosodie, in-18.	3	»
Grimard. Histoire d'une goutte de sève, in-18	3	»
Grimard. La plante, in-8, illustré	7	»
Guichard (V.). Conférences sur le Code civil, in-16	1	50
Hirtz. Méthode de coupe et de confection, in-18, avec figures .	3	50
Houzé. Le livre des métiers manuels, in-18, avec figures. . .	5	»
Lacome. La musique en famille, in-16, illustré	2	»
La Fontaine. Fables, in-8, illustré de 115 compositions de E. Lambert.	10	»
Laurie (André). Histoire d'un écolier hanovrien : *Scènes de la vie de collège dans tous les pays* (vie de collège et d'Université en Allemagne), in-8, illustré.	7	»
Laurie (André). La vie de collège en Angleterre, in-8, illustré.	7	»
Laurie (André). Une année de collège à Paris, in-8, illustré . .	7	»
Laurie (André). Les mémoires d'un collégien (vie de collège en France, dans les départements), in-8, illustré	7	»
Legouvé (Ernest). L'art de la lecture, in-18.	3	»
Legouvé (Ernest). Nos filles et nos fils, in-8, illustré.	7	»
Macé (Jean). Histoire d'une bouchée de pain, illustré	7	»
Macé (Jean). La France avant les Francs, in-16, illustré. . . .	1	50
Magasin illustré d'éducation et de récréation, dirigé par Macé, P.-J. Stahl et Verne, tomes XXXVII à XL, in-8, le volume. .	7	»
Maury (le commandant). Géographie physique, in-18	3	»
Maury (le commandant). Le monde où nous vivons, in-18. . .	3	»
Michelet (J.). Les Croisades, in-16.	1	50
Michelet (J.). François Ier et Charles-Quint, in-16.	1	50
Michelet (J.). Henri IV, in-16.	1	50
Michelet (J.). La prise de la Bastille et la Fête des fédérations, in-16	1	50
Mortimer d'Ocagne. Les grandes écoles de France, in-18 .	3	»
Pellegrin. Théorie de la perspective, in-18, avec figures . . .	4	»
Pontis. Petite grammaire de la prononciation, in-16.	1	50
Reclus (Elysée). Histoire d'une montagne, in-8, illustré . . .	5	»
Reclus (Elysée). Histoire d'un ruisseau, in-8, illustré	5	»
Stahl (P.-J.). Contes et récits de morale familière, in-8, illustré.	7	»
Verne (Jules). La découverte de la terre : *Histoire générale des grands voyages et des grands voyageurs*, gr. in-8, illustré . .	7	»

	fr.	c.
Verne (Jules). Les grands navigateurs du dix-huitième siècle, gr. in-8	7	»
Verne (Jules). Les voyageurs du dix-neuvième siècle, gr. in-8, illustré	7	»
Viollet-le-Duc. Comment on devient un dessinateur, in-18, illustré	4	»
Viollet-le Duc. Comment on construit une maison, in-18	4	»
Viollet-le-Duc. Histoire de l'habitation humaine, in-8, illustré	9	»
Viollet-le-Duc. Histoire d'une forteresse, in-8, illustré	9	»
Viollet-le-Duc. Histoire d'un hôtel de ville et d'une cathédrale, in-8, illustré	9	»
Wentworth-Higginson. Histoire des Etats-Unis, in-18	3	»
Zurcher et Margollé. Histoire de la navigation	3	»

JOUVET ET Cie

LIBRAIRES-ÉDITEURS. 5, RUE PALATINE, PARIS.

Géographie et voyages. — Vulgarisation scientifique. — Histoire naturelle. — Beaux-arts. — Littérature classique. — Haute littérature. — Ouvrages d'éducation. — Ouvrages religieux.

Album de l'histoire de France. Récompenses scolaires et bons points, tirés avec luxe, le cent assorti de portraits	4	»
Le cent assorti de scènes et monuments	5	»
Album vocabulaire du premier âge en français, anglais, allemand, italien et espagnol, illust. de 800 grav., in-8	5	»
Atlas de géographie militaire, in-folio	42	»
Barbou (Alfred). Les généraux de la République, in-16	2	25
Barbou (Alfred). Le chien, son histoire, ses exploits, ses aventures, in-8	10	»
Berthet (Elie). Les petits écoliers dans les cinq parties du monde, in-8	7	»
Berthet (Elie). Les petites écolières dans les cinq parties du monde, in-8	7	»
Boillot (A). Traité élémentaire d'astronomie, in-18	4	»
Brosselard (Henri). Voyage de la mission Flatters au pays des Touareg-Azdjers, in-16	2	25

fr. c.

Bureau (E.). Géographie physique, historique et militaire de la région française (France, Hollande, Belgique, Suisse, frontière occidentale de l'Allemagne), in-16 . . . . 7 50

Canivet (Charles). Les colonies perdues (le Canada et l'Inde), in-16 . . . . 2 25

Cerfberr de Médelsheim. L'architecture en France (histoire des monuments civils et religieux à travers les styles et les temps), in-16 . . . . 2 25

Chasles (Emile). Les verbes irréguliers anglais, in-16 . . . . 1 »

Chassang (A.) **et Marcou** (L.). Chefs-d'œuvre épiques de tous les peuples, in-16 . . . . 3 50

Depping (Guillaume). Le Japon, in-16 . . . . 2 25

Dubarry (Armand). Le boire et le manger, histoire anecdotique des aliments, in-16 . . . . 2 25

Figuier (Louis). L'art de l'éclairage, procédés d'éclairage employés depuis l'antiquité jusqu'à nos jours, in-16 . . . . 2 25

Figuier (Louis). Les aérostats, histoire des ballons depuis leur origine jusqu'aux plus récentes ascensions célèbres, gr. in-16 . . 2 25

Figuier (Louis). Les merveilles de la science, ou description populaire des inventions modernes, 4 vol. gr. in-8 . . . . 40 »

Chaque volume séparément . . . . 10 »

Figuier (Louis). Les merveilles de l'industrie, ou description populaire des procédés industriels, 4 vol. gr. in-8 . . . . . . 40 »

Chaque volume séparément . . . . 10 »

Flajat (Maximilien). Nouvelles lectures scientifiques, ou leçons de choses (*les sciences physiques et naturelles à l'école primaire*), cours élémentaire, in-16 . . . . 1 50

Gautier (Théophile). Les aventures du baron de Münchhausen, avec illustrations de Gustave Doré, in-4 . . . . 4 »

Gourdault (Jules). Le femme dans tous les pays, in-8 . . . . 10 »

Guiguet (L.). Dessin industriel, cours élémentaire et pratique, gr. in-8, avec album de 46 planches, in-folio . . . . 22 »

Hennebert (lieutenant-colonel). Les Anglais en Egypte (l'Angleterre et le Mâdhi), in-8 . . . . 2 25

Hennebert (lieutenant-colonel). L'Europe sous les armes, in-16, 3 50

Hervé (Jacques). L'Egypte, in-16 . . . . 2 25

Hue (Gustave). Analyse des principales campagnes conduites en Europe depuis Louis XIV jusqu'à nos jours, in-16 . . . . 3 50

Hue (Gustave). Aperçu de géographie militaire de l'Europe (moins la France), in-16 . . . . 4 »

	fr. c.
Laboulaye (Edouard). Contes bleus, in-8.	10 »
Laboulaye (Edouard). Nouveaux contes bleus, in-8.	10 »
Laboulaye (Edouard). Derniers contes bleus, in-8.	12 »
Lair (Alph.). L'héroïsme français, in-12	2 25
Le Chartier (H.). La Nouvelle-Calédonie et les Nouvelles-Hébrides, in-16.	2 25
Lucas (Hippolyte). Nids, tanières et terriers (les architectes de la nature), in-8	10 »
Margueritte (général). Les chasses de l'Algérie, et notes sur les Arabes du Sud, in-16.	2 25
Marin (un). Introduction à l'étude de la géographie, ou notions de géographie mathématique et de géographie physique à l'usage et à la portée de tout le monde, in-16.	3 »
Martin (Henri). Histoire de France populaire depuis les temps les plus reculés jusqu'à nos jours, 6 vol. gr. in-8, chaque volume.	8 »
Perrier (Edmond). Les principaux types des êtres vivants des cinq parties du monde, atlas in-4 et texte explicatif.	6 »
Rawton (Olivier de). Les plantes qui guérissent et les plantes qui tuent, in-16	2 25
Sauvage (E.). La grande pêche (les poissons), in-16.	2 25
With (Emile). Métaux, mines, mineurs et industries métallurgiques, in-8	10 »

LIBRAIRIE DES BIBLIOPHILES

D. JOUAUST ET J. SIGAUX

IMPRIMEURS-ÉDITEURS, 338, RUE SAINT-HONORÉ, PARIS.

Publication des chefs-d'œuvre classiques et des meilleurs ouvrages modernes en éditions de grand luxe, avec ou sans gravures. — Éditions d'amateurs à bon marché : *Nouvelle Bibliothèque classique*, à 3 fr. le vol., dont le détail suit :

Boileau. Œuvres poétiques, 2 vol. in-16	6 »
Bossuet. Oraisons funèbres, in-16.	3 »
Chamfort. Œuvres choisies, 2 vol. in-16	6 »

	fr. c.
César. Commentaires, in-16.	1 40
Chanson de Roland (la), traduction de Léon Gautier, in-18.	3 50
Chateaubriand (vicomte de). Itinéraire de Paris à Jérusalem, gr. in-8, illustré	4 70
Chateaubriand. Les martyrs, gr. in-8.	4 70
Chavannes de la Girandière (H. de). Une ferme modèle, in-8, illustré.	2 30
Cicéron. Morceaux choisis à l'usage de la classe de sixième, in-16.	» 55
Cicéron. Morceaux choisis à l'usage de la classe de cinquième, in-16.	» 70
Cicéron. Morceaux choisis à l'usage de la classe de quatrième, in-16.	1 »
Cicéron. Morceaux choisis à l'usage de la classe de seconde, in-16.	1 20
Conciones et Orationes, in-16.	1 40
Cooper (Fenimore). Le dernier des Mohicans, in-12, illustré.	3 25
Cooper (Fenimore). Le pilote, in-12, illustré.	3 25
Cooper (Fenimore). La prairie, in-12, illustré	3 25
Cornelius Nepos, in-16.	» 75
Dary (G.). Tout par l'électricité, gr. in-8, illustré.	7 »
De Viris illustribus urbis Romæ, in-16	1 »
Drohojowska (comtesse). Les grands agriculteurs modernes, petit in-8	1 »
Drohojowska (comtesse). Les grands inventeurs modernes, petit in-8	1 »
Dupaigne (A.). Les montagnes, gr. in-8, illustré.	13 »
Epitome historiæ sacræ, in-16.	» 60
Esope. Fables, in-16	» 80
Extraits des Pères grecs, in-16	1 30
Fénelon. Dialogues et fables, in-16.	1 15
Fénelon. Télémaque, in-16	1 40
Focillon. La chimie, in-8, illustré	2 30
Focillon. Esquisses des animaux mammifères, petit in-8, illustré.	1 60
Focillon. Expériences et instruments de physique, in-8, illustré.	2 30
Garnier (Edouard). Histoire de la céramique, gr. in-8, illustré.	13 »
Gazeau (père). Histoire ecclésiastique, in-16	» 90
Gazeau (père). Histoire sainte, in-16	» 80
Gérando (G. de). Morale pratique, in-8.	2 90
Gournerie (Eugène de la). Histoire de Paris, in-4, illustré.	8 50
Havard (Oscar). Les femmes illustres de la France, in-4, ill.	8 50
Horace. Odes, épîtres et satires, in-16.	1 40

	fr. c.
Keller (Émile). Histoire de France, in-4, illustré.	8 50
Kœnig (Frédéric). Raphaël, in-8	1 35
La Bruyère. Les caractères, in-16.	1 40
La Fontaine. Fables, in-16.	1 »
La Fontaine. Fables, in-18, illustré.	1 05
Lesieur. Dictionnaire de la langue française, in-32.	2 25
Longchêne (de). Le monde souterrain, petit in-8, illustré. .	1 60
Lucien. Dialogues des morts, in-16	» 80
Mangin (Arthur). L'air et le monde aérien, in-4, illustré. . .	8 50
Mangin (Arthur). Nos ennemis, in-8, illustré.	2 30
Mangin (Arthur). Le monde de l'air, in-8, illustré	2 30
Mangin (Arthur). Le monde marin, in-8, illustré.	2 30
Mangin (Arthur). L'océan, in-8, illustré.	2 30
Mangin (Arthur). Les phénomènes de l'air, in-8, illustré	2 30
Mangin (Arthur). Les mystères de l'océan, in-4, illustré. . . .	8 50
Matrat (Paul). Les conseils du père Vincent, petit in-8	1 »
May (Karl). La caravane de la mort, in-12, illustré.	3 25
May (Karl). Les pirates de la mer Rouge, in-12, illustré. . . .	3 25
May (Karl). Une visite au pays du diable, in-12, illustré. . . .	3 25
Michaud et Poujoulat. Histoire des croisades, in-4, illustré.	8 50
Millet (C.) Les poissons, petit in-8, illustré	1 60
Ovide. Choix des métamorphoses, in-16.	1 40
Pacaud (père). Grammaire française, in-16	1 40
Pascal. Pensées sur la religion, in-8	4 05
Phèdre. Fables, in-16.	» 60
Poitevin (Marie). Mon amie Jeanne, in-12.	» 45
Poujoulat. Histoire de la Révolution française, 2 vol. in-8. . .	16 20
Saint Luc. Évangile, in-16.	1 20
Salluste, in-16.	1 15
Saucié. Histoire de la littérature française, in-8.	4 05
Schmid (Chanoine). Rose de Tannebourg, in-12	» 65
Stolz (Mme de). Vif-Argent, in-12, illustré.	3 25
Tacite, in-16.	2 30
Virgilii Maronis Opera, in-16	1 60
Xénophon, in-16.	» 80
Walter Scott. Waverley, in-12, illustré.	3 25

A. MAME ET FILS ET POUSSIELGUE FRÈRES

OUVRAGES DES FRÈRES DES ÉCOLES CHRÉTIENNES.

	fr.	c.
Algèbre (éléments d'), in-12.	2	80
Algèbre (exercices d'), livre du maître, in-12	7	»
Analyse grammaticale et logique, livre de l'élève, in-12	»	35
La même, livre du maître, in-12	1	10
Arpentage, levé des plans, nivellement, in-12.	3	50
Arpentage (manuel d'), in-12	1	70
Arithmétique (cours élémentaire d'), in-18	»	60
Arihtmétique (cours moyen d'), livre de l'élève, in-16	1	15
La même, livre du maître, in-12.	3	50
Arithmétique (cours supérieur d'), livre de l'élève, in-12	1	70
La même, livre du maître, in-12.	4	25
Arithmétique (éléments d'), in-12	2	10
Arithmétique (exercices d'), livre du maître, in-12.	4	60
Arithmétique (nouveau traité d'), livre de l'élève, in-12	1	25
La même, livre du maître, in-8	6	»
Atlas de quarante-sept cartes, in-4	6	75
Chants pieux avec les airs notés, in-18.	1	60
Cosmographie (éléments de), in-12	2	80
Dictionnaire (petit), in-12	»	75
Enseignement civique, in-12.	»	90
Exercices de calcul et recueil de problèmes, livre de l'élève, in-18	»	65
Les mêmes, livre du maître, in-18	1	50
Exercices et problèmes de trigonométrie, livre du maître, in-12	3	50
Exercices orthographiques, cours de première année, livre de l'élève, in-12.	1	15
Les mêmes, livre du maître, in-12	2	25
Exercices orthographiques, cours de deuxième et troisième années, livre de l'élève, in-12	1	15
Livre du maître, in-12	2	50
Fractions (les) et les problèmes résolus par l'unité, livre de l'élève, in-18.	»	35
Les mêmes, livre du maître, in-12.	»	70
Géographie (cours élémentaire de), in-18	»	40
Géographie (cours moyen de), in-16	»	70
Géographie (cours supérieur de), in-12.	1	45
Géographie (cours spécial de), in-12	2	50

	fr.	c.
Géographie-atlas, élève et maître, 2 vol. in-4.	1	80
Géométrie (cours supérieur de), in-12	1	70
Géométrie (éléments de), in-12	3	65
Géométrie (exercices de), livre du maître, in-12	11	»
Géométrie descriptive (éléments de), in-12.	2	80
Géométrie descriptive (exercices de), livre du maître, in-12 . . .	8	»
Grammaire française, in-12.	»	90
Histoire de France (chronologie de l'), in-12	»	60
Histoire de France (cours élémentaire d'), in-18	»	40
Histoire de France (cours moyen d')	1	15
Histoire sainte (cours moyen d'), in-16.	»	70
Histoire sainte (cours supérieur d'), in-12	1	10
Leçons de langue française, cours préparatoire, livre de l'élève, in-12.	»	85
Les mêmes, livre du maître, in-12	2	25
Leçons de langue française, cours élémentaire, livre de l'élève, in-12.	1	15
Les mêmes, livre du maître, in-12	2	80
Leçons de langue française, cours moyen, livre de l'élève, in-12 .	2	»
Les mêmes, livre du maître, in-12	6	»
Leçons de langue française, cours supérieur, livre de l'élève, in-12.	1	60
Les mêmes, livre du maître, in-12.	3	40
Lectures courantes, cours élémentaire, in-12.	»	60
Lectures courantes, cours moyen, in-12.	1	50
Lectures instructives et amusantes, in-12	»	60
Manuel de piété (nouveau), à l'usage des pensionnats et des écoles, in-32.	1	40
Manuel des commençants, in-18	»	70
Mécanique (éléments de), in-12	3	50
Mécanique (problèmes de), in-12.	7	»
Méthodologie de géographie, manuel du maître, in-12.	1	75
Orthographe (cours élémentaire d'), in-12.	»	45
Orthographe (cours intermédiaire), in-12	»	90
Philosophie chrétienne (cours élémentaire de), par le frère Louis de Poissy, in-12	2	60
Premier livre de lecture, in-18	»	35
Prières et cantiques, à l'usage de la jeunesse, in-18	»	90
Recueil de problèmes, livre de l'élève, in-12.	1	85
Le même, livre du maître, in-8	6	25
Syllabaire, in-18	»	20
Système métrique et petite arithmétique, in-18	»	55
Système métrique (petit), livre de l'élève, in-18.	»	35

	fr. c.
Le même, livre du maître, in-18.	» 70
Tables des logarithmes à cinq décimales, in-12.	1 75
Tenue des livres, cours élémentaire, livre de l'élève, in-12.	» 70
Le même, livre du maître, in-12.	1 70
Tenue des livres, cours supérieur, livre de l'élève, in-12.	1 90
Le même, livre du maître, in-12.	4 75
Traité (nouveau) des devoirs du chrétien, in-12	1 10
Vie de Notre-Seigneur Jésus-Christ, in-18.	» 75
Trigonométrie rectiligne (éléments de), in-12	1 75

GEORGES MASSON

LIBRAIRE-ÉDITEUR, 120, BOULEVARD ST-GERMAIN, PARIS.

Livres et tableaux pour l'enseignement primaire supérieur, l'enseignement secondaire spécial, l'enseignement secondaire des jeunes filles. — Publications sur la médecine et l'hygiène. — Ouvrages de vulgarisation pour récompenses et prix.

Baclé. Les voies ferrées, in-8, illustré	13 »
Bapst. L'étain, in-8, illustré.	13 »
Beni-Barde. Hydrothérapie, in-18.	6 »
Berlioz. Thérapeutique, in-18.	6 »
Bert (P.). Notions de zoologie, in-18	2 50
Bert (P.). Anatomie et physiologie, in-18	3 50
Bertillon. Les races sauvages, in-8, illustré.	13 »
Bleunard. Lectures sur la physique et la chimie, in-8, illustré	8 »
Camuset. Ophtalmologie, in-18	7 »
Carlet. Zoologie médicale, in-18	7 »
Caussade (de). Étude des genres littéraires, in-18.	2 50
Caussade (de). Littérature grecque, in-18.	3 »
Caussade (de). Littérature latine, in-18.	6 »
Chauvel. Œil et vision, in-18.	6 »
Comte. Structure et physiologie de l'homme, in-18, avec atlas.	6 »
Corréard. Histoire nationale, in-18	2 50
Croiset. Littérature grecque, in-18.	2 »

	fr.	c.
Croiset, Lallier et Petit de Julleville. Premières leçons d'histoire littéraire, in-18	2	»
Dechambre. Le médecin, in-18	6	»
Dechambre (A.), **Mathias Duval et Lereboullet.** Dictionnaire usuel des sciences médicales, grand in-8	30	»
Dieulafoy. Manuel de pathologie, 2 vol. in-18	12	»
Dubois. Notions de géographie générale, in-18	1	50
Ducatel. Leçons d'arithmétique, 2 vol. in-18	3	80
Ducatel. Notions de géométrie, in-18	1	80
Duval et Lereboullet. Manuel du microscope, in-18	6	»
Emery. Notions de botanique, in-18	2	80
Emery. Cours de botanique, in-18	6	»
Fernet. Notions de physique et de chimie, in-18	2	50
Fernet. Cours de physique, 4 vol. in-18	9	30
Fernet. Précis de physique, in-18	3	»
Fernet. Traité élémentaire de physique, petit in-8	8	»
Gérardin. Les bêtes, in-18	3	»
Gérardin. Les plantes, in-18	2	50
Gervais (P.-H.). Nouvelles planches murales d'histoire naturelle; 62 feuilles	180	»
Les mêmes, montées sur toile	360	»
Les mêmes, texte explicatif, in-18	3	»
Guillemin. Les bandages, in-18	6	»
Hébert. Notions de géologie	2	»
Hennebert. L'art militaire, in-8, illustré	13	»
Hospitalier. L'électricité dans la maison, in-8, illustré	13	»
Hospitalier. Les principales applications de l'électricité, in-8, illustré	13	»
Lacassagne. Hygiène, in-18	7	»
Lacassagne. Médecine judiciaire, in-18	7	50
Liard. Logique, in-18	2	»
Lutaud. Maladies des femmes, in-18	7	»
Margerie. Algèbre numérale, in-18	2	»
Maxime-Hélène. Les nouvelles routes du globe, in-8, illustré	13	»
Meunier (St.). Pierres et terrains	2	»
Meunier (St.). Notions de géologie, in-18	2	25
Meunier (St.). Anatomie et physiologie, in-18	4	»
Milne Edwards. Anatomie et physiologie, in-18	3	50
Milne-Edwards. Précis d'histoire naturelle, in-18	3	»
Milne-Edwards. Zoologie, in-18	3	50

	fr.	c.
Moitessier. Physique médicale, in-18	7	50
Nature (la). Revue des sciences, illustrée; par Gaston Tissandier, 1884. 1er semestre ; gr. in-8	13	50
Nielly. Obstétrique, in-18.	5	»
Onimus. Électrothérapie, in-18	6	»
Paulet. Résumé d'anatomie, in-18	7	»
Petit de Julleville. Leçons de littérature française, in-18 .	5	»
Proust. Éléments d'hygiène, in-18	2	25
Revue internationale de l'enseignement, nos 1 à 11 (1884), gr. in-8.	24	»
Rochas (de). Les origines de la science, in-8.	13	»
Sciama. Moteurs industriels, in-18.	6	»
Seignobos. Histoire de la civilisation, tome Ier, in-18.	3	50
Spillmann. Diagnostic médical, in-18	7	50
Tableaux d'histoire naturelle. Nouvelle série : *Zoologie*, par MM. Perrier et Gervais. *Botanique*, par MM. Bonnier et Mangin; 60 tableaux ; chaque tableau monté sur toile, gorge et rouleau.	10	»
Tissandier (G.). L'océan aérien, in-8, illustré.	13	»
Tissandier (G.). Les récréations scientifiques, in-8, illustré. .	13	»
Troost. Précis de chimie, in-18	3	»
Troost. Traité élémentaire de chimie, petit in-8	8	»
Vacquant. Notions de géométrie élémentaire, in-18	2	80
Wurtz. Leçons de chimie moderne, in-18	9	»

VICTOR PALMÉ

LIBRAIRE-ÉDITEUR, 76, RUE DES SAINTS-PÈRES, PARIS.

Publications historiques, artistiques, classiques. — Revues périodiques et journaux pour tous les âges.

Arsac (J. d'). Histoire de la littérature française, in-12. . . .	4	»
Arsac (J. d'). Cours d'histoire de France et d'histoire générale, 2 vol. in-12.	8	»
Aubert et V. Vattier. Le littoral de la France, in-8. . . .	20	»
Blanc (Hippolyte). Lectures sur la géographie commerciale et industrielle, in 12.	2	50
Bellarmin et Guillois. Petit catéchisme universel, in-12. .	1	»
Bollandistes. Acta sanctorum, 63 vol. in-folio.	3675	»

fr. c.

Boreau et Lartigue. Cours méthodique d'histoire naturelle, in-12. . . . . 2 50
Bouquet (dom). Recueil des historiens des Gaules et de la France, 23 vol. in-folio. . . . . 1250 »
Chapoy (Henri). Anne d'Autriche et la Fronde, in-12. . . . . 3 50
Chéron (François). Mémoires et récits, in-12. . . . . 3 50
Cicéron. De senectute, in-12. . . . . 1 »
Cicéron. Pro Archia, in-12. . . . . » 75
Corneille. Polyeucte, in-12. . . . . 1 »
Cornelius Nepos. De vita excellentium imperatorum, in-12. 1 25
Daumas (V.). Manuel de religion, d'histoire et de géographie sacrées, in-12. . . . . 3 »
Daumas (V.). Histoire sainte illustrée ou nouveau et ancien Testament, in-12. . . . . 1 50
Descartes. Discours sur la méthode, première méditation, in-12. 1 »
Dubois (Ch.). Les poètes du foyer, in-18. . . . . 1 »
Euripide. Iphigénie à Aulis, in-12. . . . . 1 25
Euripide. Alceste, in-12. . . . . » 80
Fraiche. Algèbre et géométrie, in-8. . . . . 2 »
Fraiche. Arithmétique, algèbre et géométrie, in-8. . . . . . 3 »
Fraiche. Arithmétique et géométrie, in-8. . . . . 1 50
Fraiche. Éléments d'algèbre, in-8. . . . . 3 »
Fraiche. Éléments d'arithmétique, in-8. . . . . 3 »
Gautier (Léon). Les épopées françaises, 4 vol. grand in-8. . . 40 »
Gautier (Léon). La chevalerie, grand in-4. . . . . 40 »
Geofroy (Lérida). Le jeune âge illustré, in-4. . . . . 15 »
Gœthe. Poésies lyriques, in-12. . . . . 1 50
Guérin (Mgr Paul). Vies des saints, édition artistique, 2 vol. in-4. 60 »
Herbert (Lady). L'Algérie contemporaine illustrée, in-8. . . . 10 »
Histoire littéraire de la France, 16 vol. in-4.. . . . . 340 »
Homère. Iliade, chant VI, in-12. . . . . » 45
Horace. Art poétique, in-12. . . . . » 45
La Bruyère. Les caractères, 2 vol. in-18. . . . . 2 »
Laperche (René de). Les saints Évangiles, 2 vol. in-18. . . . 2 »
La Rochefoucauld. Maximes et réflexions morales, in-18. . . 1 »
Lasserre (Henri). Notre-Dame de Lourdes, illustrée, in-4. . 30 »
Legeay (dom). Noëls anciens, 2 vol. in-4. . . . . 20 »
Leibnitz. Monadologie, in-12. . . . . 1 50
Lhomond. Epitome historiæ sacræ, in-12. . . . . 1 50
Loth (Arthur). Le petit livre du jeune Français, in-12. . . . . 1 50

	fr.	c.
Loth (Arthur). Le livre du jeune Français, in-12.	2	50
Ludolphe le Chartreux. Vita Jesu Christi, in-folio. . . .	75	»
Maine (duc du). Méditations sur le sermon sur la montagne. grand in-8.	10	»
Maistre (J. de). Considérations sur la France, in-18.	1	»
Marthe (sainte). Gallia christiana in provincias ecclesiasticas distributa, 16 vol. in-folio.	800	»
Massillon. Petit carême, sermons choisis de l'Avent et du grand carême, in-12.	2	50
Mury. Histoire romaine illustrée, 2 vol. in-12.	5	»
Mury. Histoire romaine abrégée, in-12.	2	»
Narrationes et conciones, in-12	3	50
Parinet. Trigonométrie, in-12.	1	50
Pascal. Pensées, in-12.	3	50
Piolet. Cosmographie, in-12.	4	»
Phèdre. Fables, in-12.	1	25
Plutarque. Vie de Cicéron, in-12.	1	»
Racine. Andromaque, in-12.	1	25
Revue des questions historiques, 2 vol., par an.	20	»
Revue du monde catholique, 4 vol., par an.	25	»
Richou (Gabriel). La chronique de messire Bertrand du Guesclin, in-12.	3	50
Rohrbacher. Histoire universelle de l'Église catholique, continuée par M. Guillaume, 13 vol. in-4.	90	»
Roman (J.). Histoire du bon chevalier Bayart, in-12. . . .	3	50
Roselly de Lorgues. Christophe Colomb, illustré, in-4. . .	35	»
Saint-Albin (Em. de). Le livre des ballades allemandes, in-18.	1	»
Salmanticensis collegii cursus theologicus, 20 vol. grand in-8 . . .	200	»
Sandret (L.). Louis II de la Trémoille, in-12.	3	50
Sophocle. Antigone, in-12.	1	25
Sophocle. Philoctète, in-12.	1	25
Sophocle. Œdipe roi, in-12.	1	25
Tacite. Vita Agricolæ, in-12.	1	»
Tamizey de Larroque. Les guerres du règne de Louis XIII et de la minorité de Louis XIV, 2 vol. in-12.	7	»
Théocrite. Idylles I et XXI, in-12.	»	50

fr. c.

Mignet. Etudes historiques. La Germanie aux VIIIe et IXe siècles, Formation de la France. Établissement de la Réforme à Genève. Histoire de la succession d'Espagne, in-8. . . . . 10 »

Mignet. Histoire de la Révolution française depuis 1789 jusqu'en 1814, 2 vol. in-12. . . . . 11 »

Preller. Les dieux de l'ancienne Rome, mythologie romaine, 2 vol. in-12. . . . . 6 »

Robiou et Delaunay. Les institutions romaines, civiles, militaires et religieuses, in-12. . . . . 5 50

Sacy (S. de). Variétés littéraires, morales et historiques, in-12. 11 »

Saint-Marc Girardin. Tableau de la littérature française au XVIe siècle, suivi d'études sur la littérature du moyen âge et de la Renaissance, in-12. 5 50

Thierry (Amédée). Histoire d'Attila et de ses successeurs jusqu'à l'établissement des Hongrois en Europe, 2 vol. in-12. . . 11 »

Villemain. Etudes de littérature ancienne et étrangère, in-12. 5 50

Villemain. Tableau de la littérature française au moyen âge en France, en Italie, en Espagne et en Angleterre, 2 vol. in-12. . 11 »

Villemain. Tableau de la littérature française au XVIIIe siècle, 4 vol. in-12. . . . . 22 »

Witt (de). Histoire de Washington et de la fondation de la république des Etats-Unis, in-8. . . . . 10 »

Zeller. Histoire d'Allemagne, avec cartes, 4 vol. in-8. . . . . 42 »

Zeller. Entretiens sur l'histoire du moyen âge, 2 vol. in-12. . . 11 »

PICARD-BERNHEIM ET Cie

IMPRIMEURS-ÉDITEURS, 11, RUE SOUFFLOT, A PARIS

Publications relatives à l'enseignement primaire : Écriture, lecture, lecture courante, histoire, calcul, pédagogie.

Aulard. Danton, in-12. . . . . » 40

Benoit-Lévy (Ed.). Jules Favre, in-12. . . . . » 40

Bert (Paul). L'instruction civique à l'école, in-18 . . . . 1 »

Blandy (S.). Trois sous neufs, in-12 . . . . » 50

Bondois (Paul). Vauban, in-12. . . . . » 40

Bondois (Paul). Villars, in-12. . . . . » 40

Burdeau (A.). L'instruction morale à l'école, in-18. . . . . . » 80

	fr. c.
Chasteau (Mme L.). Leçons de pédagogie, in-18.	3 50
Clayton (A.). Amour sacré de la patrie, in-18.	1 10
Combette (E.). Arithmétique, cours élémentaire, in-18. . . .	» 80
Combette (E.). Exercices et problèmes, in-12	» 45
Cuir (A.-F.). Exercices de calcul, cours élémentaire, in-16 . . .	» 40
Cuir (A.-F.). Exercices de calcul, cours moyen, in-16.	» 40
Cuissart (E.). Méthode de lecture en cinq tableaux, grand aigle, collés sur toile, vernis, montés sur gorge et rouleaux	15 »
Cuissart (E.). Premier livret de lecture, in-16.	» 30
Cuissart (E.). Deuxième livret de lecture, in-16.	» 50
Cuissart (E.). Premier degré de lectures courantes, in-18. . .	» 60
Cuissart (E.). Deuxième degré de lectures courantes, in-12 . .	» 90
Delapierre et Lamarche (A.-P. de). Exercices de mémoire, cours élémentaire, in-16.	» 30
Denis (E.). Petit manuel d'instruction et d'éducation militaire, in-18.	» 60
Franck (G.). Jules Crevaux, in-12	» 60
Gasquet (Am.). Henri IV, in-12.	» 40
Hanriot (E.). Vive la France, in-18.	1 25
Lacabe-Plasteig (A.). Méthode de dessin, 14 cahiers, le cent.	9 »
Laisné (N.). Traité élémentaire de gymnastique classique, grand in-8.	3 50
Laisné (N.). Gymnastique des demoiselles, in-12	4 »
Laisné (N.). Recueil de chants spéciaux pour l'enseignement de la gymnastique, in-4	1 75
Lamarche (A.-P. de). Méthode nationale d'écriture en 10 cahiers, le cent.	4 50
Lamarche (A.-P. de). Cahier unique de devoirs journaliers :	
N° 1, le cent.	9 »
N° 2, le cent.	18 »
Lamarche (A.-P. de). Cahier mensuel, le cent	25 »
Lamarche (A.-P. de). Nos devoirs et nos droits, in-12. . . .	1 25
Lamarche (A.-P. de). Carnet de correspondance entre l'école et la famille, piqûre, couverture forte.	» 15
Lamarche (A.-P. de). Livret scolaire, in-8.	» 15
Lamarche (A.-P. de). Sommaire quotidien des devoirs et leçons scolaires, in-12.	» 20
Lavalette. Les enfants modèles, in-12	1 50
Lavalette. Les premières connaissances de l'âge d'or, in-12 . .	» 60
Lavalette. Les deuxièmes connaissances de l'âge d'or, in-12. .	» 70

	fr. c.
Lhomme (Ch.). Code manuel des bataillons scolaires, in-12. .	3 50
Liebermann. Méthode d'écriture allemande, 4 cahiers, le cent.	10 »
Lieutier (Mme Nelly). Il était une fois, in-12.	» 50
Lieutier (Mme Nelly). Un jour de pluie, in-12.	» 50
Lieutier (Mme Nelly). La journée de Catherine, in-12	» 50
Marcel (Ch.). Vivent les vacances! in-12	» 50
Massy (Mme Henriette). Notions d'éducation civique à l'usage des jeunes filles, in-12	1 10
Meifredy (H.). La comptabilité enseignée, 5 cah. dans un cart.	1 50
Meifredy (H.). Traité de comptabilité, in-8	2 »
Meifredy (H.). Conseils de M. Honoré Arnoul, in-18	» 80
Reverdy. Méthode d'écriture en dix cahiers, le cent.	9 »
Reverdy (H.) **et Burdeau** (A.). Le droit usuel et l'économie politique à l'école, in-12.	1 20
Rocherolles (Ed.). Grammaire, cours moyen, in-12	1 25
Zevort (Edgar). Histoire de France, classe de septième, in-12. .	1 50
Zevort (Edgar). Histoire de France, classe de huitième, in-12. .	1 25
Zevort (Edgar). Histoire de France, cours élémentaire, in-12 . .	» 80
Zevort (Edgar). Histoire de France, cours moyen, in-12. . . .	1 35
Zevort (Edgar). Histoire de France, cours supérieur, in-12. . .	2 25
Zevort (Edgar). Histoire de notre patrie, in-12.	1 80

E. PLON, NOURRIT ET Cie

IMPRIMEURS-ÉDITEURS, 8 ET 10, RUE GARANCIÈRE, PARIS

Histoire. Littérature. Beaux-Arts. Voyages. Éducation.
Romans. Religion. Livres pour la jeunesse.

Bertall. Les contes de ma mère, in-8, rel.	10 »
Bossuet. Discours sur l'histoire universelle, 3 vol. in-32, rel..	8 »
Bossuet. Oraisons funèbres, in-32, rel.	6 »
Bougeault. Histoire des littératures étrangères, 3 vol. in-8, rel.	27 »
Bourneville. L'année médicale, résumé des progrès réalisés dans les sciences médicales, années 1878 et 1879, 2 vol. in-12, chaque vol., rel.	5 »
Bourneville. L'année médicale, résumé des progrès réalisés dans les sciences médicales, années 1880, 1881, 1882 et 1883, 4 vol. in-12, chaque volume, rel.	5 50

fr. c.

Boutet de Monvel (Mme). Abrégé d'histoire ancienne, in-12 . . . . 1 »

Boutet de Monvel. Vieilles chansons et rondes pour les petits enfants, notées avec des accompagnements faciles par Ch. M. Widor, in-4 oblong, tiré en couleurs. . . . . 10 »

Boutet de Monvel. Chansons de France pour les petits Français, accompagnements de J.-B. Weckerlin, album oblong, tiré en couleurs . . . . 10 »

Colmet de Santerre. Manuel élémentaire de droit civil, tome 1er, matières du premier examen, in-18, rel. 6 50

Dareste (C.). Histoire de France, depuis ses origines jusqu'à nos jours, 9 fort vol. in-8, rel. . . . . 107 »

Dareste (R.). Les plaidoyers civils de Démosthène, traduits en français, avec arguments et notes, 2 vol. in-12, rel. . . . . . 14 »

Dareste (R.). Les plaidoyers politiques de Démosthène, traduits en français, avec arguments et notes, 2 vol. in-12, rel. . . . . 12 »

Demante (A.). Cours analytique de Code civil, continué depuis l'art. 980 par E. Colmet de Santerre, 9 vol. in-8 :

Tome Ier (art. 1 à 311). Traité des personnes, in-8, rel. . . 10 »

Tome II (art. 312 à 710). Traité des personnes (suite), in-8, relié. . . . . 11 »

Tome III (art. 711 à 892). Traité des successions, in-8, rel. . 9 50

Tome IV (art. 893 à 1100). Traité des donations entre-vifs et des testaments, in-8, rel. . . . . 10 »

Tome V (art. 1101 à 1386). Titre des contrats et des obligations conventionnelles en général, in-8, rel. . . . . 11 »

Tome VI (1387 à 1581). Traité du contrat de mariage, in-8 rel. 10 »

Tome VII (art. 1582 à 1831). La vente, l'échange et le louage, in-8, rel. 9 50

Tome VIII (art. 1832 à 2091 — 2219 à 2281). Les contrats divers et les prescriptions, in-8, rel. . . . . 11 »

Tome IX (art. 2092 à 2218). Traité des privilèges et des hypothèques, in-8, rel. . . . . 10 »

Dupanloup (Mgr). Nouvelles œuvres choisies, controverse sur l'éducation des filles, in-8, rel. 9 50

Fath. Les cataractes de l'Obi, voyage dans les steppes sibériens, in-8, cart. . . . . 10 »

Fléchier. Oraisons funèbres, in-32, rel. . . . . 6 »

Fleury (J.). Histoire élémentaire de la littérature française, depuis l'origine jusqu'à nos jours, in-18, rel. . . . . 6 »

fr. c.

Guilmard (D.). Les maîtres ornemanistes, écoles française, italienne, allemande et des Pays-Bas (flamande et hollandaise), publication enrichie de 180 planches, in-4, rel. . . . . 70 »

Jourdan. Le droit français, in-8, rel. . . . . 10 »

Jurien de la Gravière (vice-amiral). Les campagnes d'Alexandre, 5 vol. in-18 :

Tome I. Le drame macédonien, in-18, rel. . . . . 6 »

Tome II. L'Asie sans maître, in-18, rel. . . . . 6 »

Tome III. L'héritage de Darius, in-18, rel. . . . . 6 »

Tome IV. La conquête de l'Inde et le voyage de Néarque, in-18, rel. . . . . 6 »

Tome V. Le démembrement de l'Empire, in-18, rel. . . . 6 »

Jurien de la Gravière (vice-amiral). La Marine des anciens, la bataille de Salamine et l'expédition de Sicile, in-18, rel. . 5 50

Jurien de la Gravière (vice-amiral). La marine des anciens, la revanche des Perses, les tyrans de Syracuse, in-18, rel. . . 5 50

Jurien de la Gravière (vice-amiral). La marine des Ptolémées et la marine des Romains ; tome Ier, la marine de guerre ; tome II, la marine marchande, 2 vol. in-18, rel. . . . . 12 »

La Fontaine. Fables, 2 vol. in-32, rel. . . . . 12 »

Montesquieu. Grandeur et décadence des Romains, in-32, rel. 6 »

Musée des archives nationales, ouvrage enrichi de 1,200 fac-simile des autographes les plus importants, publié par la direction générale des Archives nationales, in-4, rel. . . . . 50 »

Ortolan. Éléments de droit pénal, 2 vol. in-8, rel. . . . . . 22 »

Ortolan. Législation romaine, tome Ier, histoire de la législation romaine, in-8, rel. 10 »

Ortolan. Législation romaine, tomes II et III, explication historique des Instituts de l'empereur Justinien, 2 vol. in-8, rel. . . 20 »

Plessix. L'astronomie de la jeunesse, in-18, rel. . . . . 5 »

Plon (E.). Benvenuto Cellini, orfèvre, médailleur, sculpteur, recherches sur sa vie, sur son œuvre et sur les pièces qui lui sont attribuées, grand in-4 avec planches, rel. . . . . 80 »

Plon (E.). Benvenuto Cellini, nouvel appendice aux recherches sur son œuvre et sur les pièces qui lui sont attribuées, in-4, rel. 25 »

Racine. Œuvres, 4 vol. in-32, rel. . . . . 24 »

Racine. Œuvres diverses, 4 vol. in-32, rel. . . . . 24 »

Rochet (Ch.). Le prototype humain donnant les lois naturelles des proportions dans les deux sexes, in-18, rel. 2 25

fr. c.

Rogron. Les Codes français expliqués. Code de commerce expliqué, 1 fort vol. grand in-18, rel. 11 50

Sorel (A.) **et Funck-Brentano.** Précis du droit des gens, in-8, rel. . . . . 10 »

Vauvenargues. Œuvres morales, 3 vol. in-32, rel. . . . . . 18 »

POUSSIELGUE FRÈRES

LIBRAIRES-ÉDITEURS, 15, RUE CASSETTE, PARIS.

Éditeurs des ouvrages classiques de l'Alliance des maisons d'éducation chrétienne pour l'enseignement secondaire et des publications des Frères des Écoles chrétiennes pour l'enseignement primaire.

Bizeul et Boulay (les P. P.). Tableau synoptique d'histoire de la littérature française, in-4 . . . . 4 50

Bizeul et Boulay (les P. P.). Tableau synoptique d'histoire de la littérature grecque, in-4. . . . . 3 »

Bizeul et Boulay (les P. P.). Tableau synoptique d'histoire de la littérature latine, in-4. . . . . 3 75

Blanchin (J. B.). Disciple de Lhomond :

Première partie, gr. in-18. . . . . 2 40

Deuxième partie, gr. in-18. . . . . 1 60

Blanchin (J. B.). Petit élève de Lhomond, gr. in-18 . . . . . 2 50

Boileau. Œuvres choisies, avec notes de J. C., gr. in-18. . . 1 50

Boylesve (le P. de). Manuel des congrégations de la sainte-Vierge, avec cantiques, in-32, relié. 2 65

Carton. Eléments de géométrie spéciaux au baccalauréat ès lettres, in-12. . . . . 3 75

Cauly. Cours d'instruction religieuse, in-18 . . . . 3 75

Conciones latinæ, avec notes de Vauchelle, gr. in-18 . . . . . . 2 50

Cornelius Nepos, avec notes de Griez, gr. in-18. . . . . . 1 »

Courval. Histoire ancienne, in-16, ... 1 75

Courval. Histoire de France, 2 vol. in-16.. . . . . 5 »

Courval. Histoire du moyen âge, in-16. . . . . 3 »

Courval. Histoire moderne :

Première partie, in-16. . . . . 2 50

Deuxième partie, in-16. . . . . 2 50

	fr.	c.
Courval. Histoire de l'Europe et particulièrement de la France de 395 à 1270, in-18..........................	4	»
Courval. Histoire de l'Europe et particulièrement de la France de 1270 à 1610, in-18..........................	4	»
Courval. Histoire de l'Europe et particulièrement de la France de 1610 à 1789, in-18..........................	4	»
Courval. Histoire romaine, in-16....................	2	»
Courval. Histoire sainte, in-16.....................	1	25
Courval et Lejard. De viris illustribus urbis Romæ, annoté gr. in-18..........................	1	25
Desauney. Traité d'arithmétique raisonnée, in-12........	1	75
Dupanloup. Manuel des petits séminaires, in-18, relié....	2	10
E. C. (l'abbé). Géographie élémentaire, in-16............	3	»
E. C. (l'abbé). Histoire naturelle, botanique, in-16.......	2	50
E. C. (l'abbé). Histoire naturelle, zoologie, tome Ier, anatomie et physiologie, in-16..........................	3	»
E. C. (l'abbé). Zoologie, tome II, classification et description, in-16	2	50
Epitome historiæ sacræ, avec notes par Mingasson, gr. in-18....	»	80
Fénelon. Aventures de Télémaque, gr. in-18..............	2	»
Fischer et Lebeau. Grammaire allemande élémentaire, gr. in-18..........................	1	75
Horatii (Quinti Flacci) carmina expurgata, avec notes de H. C.	2	»
Horner. Guide pratique de l'instituteur, in-18..........	2	50
J. M. J. A. Histoire de la littérature française, in-12.....	4	»
J. M. J. A. Histoire des littératures anciennes et étrangères modernes, in-12..........................	4	»
La Bruyère. Caractères, avec notes de Julien, gr. in-18...	2	50
La Fontaine. Fables, avec notes de Meurisse, gr. in-18....	1	60
Laurent. Cours élémentaire de cosmographie, in-12.......	3	»
Lejard. Nouveau traité de prosodie latine, in-18.........	2	»
Lettres et opuscules pédagogiques, in-18..................	2	25
Loridan. Éléments de chimie, in-18....................	3	»
Lucrèce. Extraits, avec notes de Ragon, gr. in-18.......	2	»
Mallet. Cours d'archéologie religieuse. Première partie : l'architecture, in-8..........................	4	»
Mallet. Cours d'archéologie religieuse. Deuxième partie : le mobilier, in-8..........................	4	»
Manuel de l'enfant de Notre-Dame des Anges, in-32, relié...	1	25
Manuel de l'étudiant chrétien en vacances, in-18, cart......	2	»
Massillon. Le petit carême, avec notes de Soulié, gr. in-18..	1	60

	fr. c.
Maunoury. Anthologia parva latina, in-12	2 »
Maunoury. Anthologie grecque, texte, commentaire étymologique, dictionnaire et traduction, in-12.	3 »
Maunoury. Chrestomathie, recueil de morceaux gradués tirés des auteurs grecs avec dictionnaire et traduction, in-12	1 50
Maunoury. Grammaire française, in-12	1 »
Maunoury. Grammaire latine, in-12.	1 60
Maunoury. Exercices gradués sur la grammaire française, in-12	1 25
Maunoury. Histoire ecclésiastique, in-16	1 25
Maunoury. Histoire de l'Église, in-12	3 »
Mingasson. Grammaire latine, gr. in-18	1 60
Montvert (de). Préceptes de littérature, in-12.	2 50
Narrationes latinæ, avec notes de Vauchelle, gr. in-18.	2 50
Ovidii Nasonis selectæ fabulæ ex libris metamorphoseon, avec notes de Lejard, gr. in-18.	1 40
Parinet. Arithmétique théorique et pratique, in-12.	3 »
Parinet. Cours d'algèbre, in-12	2 25
Parinet. Eléments de géométrie spéciaux aux baccalauréats ès lettres et ès siences, in-12	5 50
Principes d'éducation et d'enseignement, in-18.	1 50
Quinte Curce. Histoire d'Alexandre, avec notes de Vauchelle, gr. in-18	2 25
Racine. Andromaque, avec notes du P. Boulay, gr. in-18. . .	2 50
Régnault (R. P.). Cours de philosophie, in-8.	5 »
Régnault (R. P.). Histoire de la philosophie, in-8.	2 »
Régnault (R. P.). Manuel de piété à l'usage des collèges catholiques, in-32, cart..	1 65
Saillard. Etude de la langue anglaise, complément de la grammaire, in-18.	4 »
Salluste. Catilina et Jugurtha, avec notes de Guillaud, gr. in-18.	1 »
Sévigné (Mme de). Lettres choisies, gr. in-18.	1 80
Sinot. Arithmétique élémentaire, in-12	2 »
Soreau. Recueil de lectures allemandes à l'usage des classes élémentaires, gr. in-18	2 25
Soreau. Recueil de lectures allemandes à l'usage des classes supérieures, gr. in-18	3 »
Théâtre classique, avec notes de Figuière, gr. in-18	3 50
Virgilii opera, avec notes de Lejard, gr. in-18.	3 »
Vuillaume. Bible latine des étudiants, gr. in-18.	3 »

A. QUANTIN

IMPRIMEUR-ÉDITEUR, 7, RUE SAINT-BENOIT, PARIS.

Bibliothèque de l'enseignement des Beaux-Arts.

	fr. c.
Adeline (Jules). Lexique des termes d'art, in-4 anglais. . . .	4 50
Bayet. L'art byzantin, in-4 anglais.	4 50
Chesneau (Ernest). La peinture anglaise, in-4 anglais.. . . .	4 50
Collignon (Max.). La mythologie figurée, in-4 anglais	4 50
Collignon (Max.). L'archéologie grecque, in-4 anglais. . . .	4 50
Delaborde (vicomte H.). La gravure, in-4 anglais	4 50
Duval (Mathias). L'anatomie artistique, in-4 anglais..	4 50
Gerspach (M.). La mosaïque, in-4 anglais.	4 50
Havard (Henry). La peinture hollandaise, in-4 anglais.. . . .	4 50
Lavoix fils (H.) La musique, in-4 anglais..	4 50
Lecoy de la Marche. Les manuscrits et la miniature, in-4 anglais.	4 50
Lenormand (F.). Monnaies et médailles, in-4 anglais.. . . .	4 50
Lostalot (A. de). Les procédés modernes de la gravure, in-4 anglais	4 50
Martha. L'archéologie étrusque et romaine, in-4 anglais. . . .	4 50
Muntz (Eug.). La tapisserie, in-4 anglais..	4 50
Wauters (A. J.). La peinture flamande, in-4 anglais.	4 50

Publications sur les Beaux-Arts.

Desjardins (Abel). Jean Bologne, in-fol..	100 »
Giraud (J. B.). Les arts du métal, in-fol.	150 »
Goncourt (E. et J. de). L'art du XVIIIe siècle, 2 vol. grand in-4	185 »
Gonse (Louis). L'art japonais, 2 vol. in-4.	200 »
Mantz (Paul). François Boucher, in-fol.	100 »
Modèles (les) d'art décoratif du musée du Louvre, album in-fol. .	150 »
Palustre (Léon). La Renaissance dans le nord de la France, 2 vol. in-folio, cart.	275 »
Rayet (Olivier). Les monuments de l'art antique, 2 vol. in-fol..	175 »

Ouvrages divers.

Beaumarchais. Le mariage de Figaro, in-32	6 »
Bonnard. Poésies, in-8 écu..	10 »
Gentil-Bernard. Poésies, in-8 écu.	10 »

	fr.	c.
Gœthe. Faust, in-8, demi-rel.	60	»
Gresset. Poésies, in-8 écu.	10	»
Guillet (J. A.). Idylles de Théocrite, traduction, in-32.	10	»
La Fontaine. Fables, 2 vol. in-4, rel.	175	»
Le Livre. Première année de la publication, 1880, 2 vol. in-8, rel.	54	»
Le Livre. Année 1883, 2 vol. in-8.	40	»
Maistre (Xavier de). Voyage autour de ma chambre, in-32.	6	»
Malfilâtre. Poésies, in-8 écu.	10	»
Mémoires de Benvenuto Cellini, in-8, cart.	55	»
Poë (Edgar). Histoires extraordinaires, 2 vol. in-8.	50	»
Pons (A. J.). Jason et Médée, traduction, in-32.	10	»
Roche-Aymon (de la). Anacréon et Sapho, traduction, in-32.	10	»
Séguier (comte de). Odes et épodes d'Horace, traduction, in-32.	10	»
Swift. Les voyages de Gulliver, trad. par B. H. Gausseron, in-8, rel.	25	»

RORET

LIBRAIRE-ÉDITEUR, 12, RUE HAUTEFEUILLE, PARIS.

Librairie scientifique et industrielle. — Collection de manuels sur les arts et les sciences. — Enseignement technique.

MANUELS PUBLIÉS DEPUIS 1879 JUSQU'EN 1884.

Manuel du bijoutier-joaillier et du sertisseur, par MM. J. Fontenelle, F. Malepeyre et A. Romain, 1 vol. accompagné de planches.	3	»
Manuel du briquetier, tuilier, fabricant de carreaux, etc., par MM. F. Malepeyre et A. Romain, 2 vol. avec planches.	6	»
Manuel du fabricant de caoutchouc, gutta-percha, gomme factice, toiles cirées, par M. Maigne, 2 vol. avec planche.	5	»
Manuel du charpentier, par MM. Hanus, Biston et Boutereau, 2 vol. avec atlas.	7	»
Manuel du chauffage et de la ventilation des bâtiments publics et privés, par M. A. Romain, 1 vol. avec figures et planches.	3	»

	fr. c.
Manuel du chaufournier, plâtrier, carrier et bitumier, par MM. Magnier et Romain, 1 vol. avec planches et figures.	3 50
Manuel de l'éducation et dressage du cheval, par M. le comte de Montigny, 1 vol. avec planches.	6 »
Manuel du fabricant de couleurs, par MM. Riffault, Vergnaud, Toussaint et Malepeyre, 2 vol. avec planches. . . .	7 »
Manuel de la danse, par Blasis et Lemaître, 1 vol. . . .	1 25
Manuel du dessinateur, par M. Boutereau, 1 vol. et atlas.	5 »
Manuel du distillateur-liquoriste, par MM. Lebeaud, J. Fontenelle et Malepeyre, 1 vol.	3 50
Manuel d'équitation, par MM. Vergnaud et d'Attanoux, 1 vol. avec figures.	3 »
Manuel d'escrime, par M. Lafaugère, 1 vol. orné de figures.	2 50
Manuel du ferblantier-lampiste, par MM. Lebrun, Malepeyre et A. Romain, 1 vol. avec figures et planches	3 50
Manuel du fondeur, par MM. Gillot et Lockert, 2 vol. avec planches.	7 »
Manuel de l'horloger-rhabilleur, par M. Perségol, 1 vol. avec figures et planches.	2 50
Manuel du fabricant et épurateur d'huiles végétales et animales, par MM. Julia de Fontenelle, Malepeyre et Ad. Dalican, 2 vol. accompagnés de planches.	6 »
Manuel de l'amélioration des liquides, par M. Lebeuf, 1 vol.	3 »
Manuel du maçon, stucateur, carreleur et paveur, par MM. Toussaint, Magnier, G. Picat et Romain, 1 vol. accompagné de 7 planches et orné de figures.	3 50
Manuel du mécanicien-fontainier, par M. Romain, 1 vol. orné de figures.	3 50
Manuel du menuisier en bâtiments et du layetier, par MM. Nosban et Maigne, 2 vol. avec figures et planches . .	6 »
Manuel du naturaliste préparateur, par MM. Boitard et Maigne, 2 volumes :	
1re partie (CLASSIFICATION, COLLECTIONS), 1 vol. orné de figures.	3 50
2e partie (TAXIDERMIE, PRÉPARATIONS, EMBAUMEMENTS), 1 vol. orné de figures.	3 50
Manuel de l'éleveur d'oiseaux d'appartement, par M. G. Schmitt, 1 vol.	1 75

fr. c.

Manuel du pêcheur-praticien, par M. Lambert, 1 vol. avec figures et planches 1 50

Manuel du peintre en bâtiments, vernisseur, vitrier et colleur, par MM. Riffault, Vergnaud, Toussaint et Malepeyre, 1 vol. orné de figures . . . . 3 »

Manuel de peinture sur verre, sur porcelaine et émail, par MM. Reboulleau, Magnier et A. Romain, 1 vol. . 3 50

Manuel du pelletier-fourreur et du plumassier, par M. Maigne, 1 vol. avec figures. 2 50

Manuel de perspective, par M. Vergnaud, 1 vol. avec planches. . . . . 3 »

Manuel de photographie sur papier et sur verre (supplément), par M. Huberson, 1 vol.. . . . . 3 »

Manuel du plombier, zingueur, couvreur, appareilleur à gaz, par M. Romain, 1 vol. avec figures et planches. 3 50

Manuel du poêlier-fumiste, par MM. Ardenni, J. de Fontenelle, F. Malepeyre et A. Romain, 1 vol. avec figures . . . . 3 »

Manuel du fabricant de pompes, par MM. Biston, Janvier et Romain, 1 vol. orné de figures et de planches. 3 50

Manuel des Ponts et Chaussées, 3 volumes :

1re partie, ROUTES ET CHEMINS, par M. de Gayffier, 1 vol. avec planches. 3 50

2e partie, PONTS ET AQUEDUCS EN MAÇONNERIE, par M. de Gayffier, 1 vol. avec planches 3 50

3e partie, PONTS EN BOIS ET EN FER, par M. A. Romain, 1 vol. avec figures et planches 3 50

Manuel du relieur, par M. S. Lenormand et M. Maigne, 1 vol. avec planches. 3 50

Manuel du sapeur-pompier, manuel officiel composé par l'état-major de Paris, publié par ordre du ministre de la guerre, édition complète, 1 vol. orné de figures 3 50

Manuel du savonnier, par M. G. E. Lormé, 3 vol. accompagnés de planches. . . . . 9 »

Manuel du sommelier et marchand de vins, par M. Maigne, 1 vol. orné de figures . . . . 3 »

Manuel du sondeur, puisatier, hydroscope, par M. A. Romain, 1 vol. avec planches 3 50

Manuel du tanneur, corroyeur et hongroyeur, par M. Maigne, 2 vol. avec figures et planches. . . . . 6 »

fr. c.

Manuel du teinturier, par MM. Thillaye, Vergnaud, Malepeyre et Romain, 2 vol. avec planches. . . . . 7 »

Manuel de télégraphie électrique, téléphones, sonneries et avertisseurs, par M. A. Romain, 1 vol. avec figures et planches. 3 50

Manuel du treillageur, 2e partie, par M. Darthuy, 1 vol. avec figures et planches. . . . . 3 »

VICTOR SARLIT ET Cie

LIBRAIRES-ÉDITEURS, 19, RUE DE TOURNON, PARIS.

Classiques. — Piété. — Distributions de prix.

Achille. Grand tableau-solfège, théorique et pratique, de musique, en gros caractères, 1 feuille d'un mètre carré. . . . . . . 2 »

Achille. Solfège et lyre des écoliers, in-8. . . . . 1 »

A. P. Petite civilité des écoles, in-18. . . . . » 60

Biographies et Portraits des personnages célèbres, le cent. . . . 15 »

Bossuet. Logique et psychologie, in-12. . . . . » 80

Blanchard et Desroches. Nouveaux éléments de littérature, in-12.. . . . . 2 25

Bray (Marie de). Les premiers enseignements chrétiens, in-18. » 60

Bray (Marie de). Premières leçons de politesse mises à la portée des plus jeunes enfants, in-18. . . . . » 60

Buffon des écoles, choix des plus beaux morceaux, in-12. . . . 1 80

Buron. Fables, poésies et morceaux choisis en prose pour les enfants des cours élémentaires, in-18. . . . . » 25

Buron. Corbeille poétique du jeune âge, in-18. . . . . 1 »

Caron. Premières lectures du jeune âge, in-18. . . . . » 60

Caron. Cours de style : premiers exercices sur la propriété de l'expression et la construction de la phrase :

Livre pour l'élève, in-12. . . . . 1 25

Corrigés de le maître, in-12. . . . . 1 80

Caron. Cours de style : seconds exercices sur la valeur des termes et locutions et sur les principaux genres de composition française :

Livre de l'élève, in-12. . . . . 1 50

Corrigés pour le maître, in-12. . . . . 2 50

Caron (l'abbé). Méthode facile pour apprendre le véritable plain-chant, in-12. . . . . » 80

	fr. c.
Célébrités de l'atelier, ouvriers-inventeurs, in-12.	1 50
Champeau (le R. P.). Choix de dialogues en prose et en vers à l'usage des enfants, in-18.	1 10
Champeau (le R. P.). Fabliaux, allégories et petits contes, à l'usage des enfants, in-12	1 60
Champeau (le R. P.). Fables et morceaux divers, in-18. . . .	1 »
Didry. Système métrique avec questionnaire et exercices, in-18.	» 30
Demkès. Arithmétique des élèves, in-18	» 75
Desormes (Louis). Récits sur les principaux personnages et les grands faits de l'histoire sainte, cours élémentaire, in-18 . . .	» 60
Desormes (Louis). Récits sur les principaux personnages et les grands faits de l'histoire de France, cours élémentaire, in-18. .	» 60
Desormes (Louis). Le style épistolaire enseigné par la pratique, in-8.	1 25
Drohojowska (Mme la comtesse). De la politesse au pensionnat, in-18.	1 »
Drohojowska (Mme la comtesse). Du bon langage et des locutions à éviter, in-12.	1 50
Drohojowska (Mme la comtesse). Mère et fille, ou la protection des animaux dans la famille, in-12	1 50
Drohojowska (Mme la comtesse). Politesse et bon ton, in-12.	2 »
Drohojowska (Mme la comtesse). Qualités et défauts des jeunes filles, in-12, relié.	2 70
Dublanchy. Petite arithmétique élémentaire, in-18	» 60
Dublanchy. Traité d'arithmétique, in-12	1 25
Fourrière (l'abbé). Histoire sainte abrégée pour les écoles, in-12.	» 80
Fourrière (l'abbé). Histoire sainte enseignée aux petits enfants, in-18	» 15
Fourrière (l'abbé). La religion comprise et aimée par les petits enfants, in-18	» 40
Fourrière (l'abbé). Évangiles pour tous les dimanches et les principales fêtes de l'année, suivis de la sainte messe et des vêpres, in-18.	» 50
Fresse-Montval. Manuel de lecture, in-18	» 50
Harmonisateur (l') C. G.	1 50
Hutinel. Catéchisme d'instruction civique, in-18.	» 60
Jeanmaire (l'abbé). Cours de littérature à l'usage des classes d'humanités, in-12.	2 50
Lang (l'abbé J.). Nouvelle méthode de grammaire allemande, in-12	2 »

	fr. c.
Leboux. Catéchisme en images (le grand), à l'usage de tous les diocèses, in-8.	3 50
Leboux. Catéchisme en images (le petit), in-8.	1 25
Legout. Arithmétique, in-18.	» 25
Legout. Géographie, in-18	» 15
Legout. Géométrie pratique, in-18	» 25
Legout. Grammaire française, in-18	» 30
Legout. Histoire de France, in-18	» 20
Legout. Histoire sainte, in-18	» 15
Legout. Premières connaissances, in-18.	1 25
Maigne (W). Petite encyclopédie, premières notions de sciences usuelles, in-12.	2 »
Mazure. Lectures sur les découvertes dans l'industrie et dans les arts, in-12.	1 »
Mongis (Théophile). Botanique élémentaire des écoles, in-12 .	1 25
Moreau (Ch.). Lexique complet des racines grecques, in-8 . .	5 »
M. P. La cosmographie, la géognosie et la météorologie, in-12	» 80
Naudet. Simples causeries agricoles, in-12	1 50
Peigné. Méthode de lecture, in-12.	» 30
Peigné. Tableaux de lecture, 46 tableaux sur demi-feuille raisin.	1 25
Sallèze. Nouvelle méthode de chronologie appliquée à l'histoire de France, in-4, avec 15 tableaux chronologiques coloriés. . . .	3 50
Les 15 tableaux de cette chronologie agrandis et mesurant 40 centimètres carrés	10 »
Teston. Devoirs d'orthographe, in-12.	1 25
Teston. Notions d'histoire littéraire, in-12.	1 80
Turgan. Lectures littéraires en prose et en vers :	
I. *Cours élémentaire*. 100 lectures littéraires en prose et en vers, in-12.	0 75
II. *Cours moyen*. 150 lectures littéraires en prose et en vers, in-12	1 25
Vuillaume (l'abbé). Cours de rhétorique, à l'usage des séminaires, des institutions catholiques et du clergé, in-12.	2 75

SUZANNE

RUE MALEBRANCHE, 5, PARIS.

Spécialité d'ardoisage de tableaux noirs. Cartes géographiques.
Matériel de classe ardoisé et non ardoisé.

	fr.	c.
Ardoisage Suzanne, adopté dans les écoles communales de Paris et de Bruxelles, garanti cinq ans au moins, le mètre superficiel.	3	50
Ardoises factices sur bois, cours de coupe avec tampon, la pièce.	1	»
Ardoises factices sur carton, imprimées, n° 3, le cent	10	»
Ardoises factices sur carton, noires, n° 3, le cent	7	50
Ardoises factices sur bois, trois placages collés; brevetées, unies, n° 3, le cent.	30	»
Ardoises factices sur bois, trois placages collés, imprimées, n° 3, le cent	34	»
Bons points métalliques, modèle de la ville de Paris. . . .	Prix divers.	
Boulier à main, modèle Pineaux, la pièce	1	»
Boulier s'accrochant au tableau noir, modèle Pineaux, la pièce. .	6	»
Cartes manuelles imprimées d'un côté : Angleterre, le cent . . .	30	»
Cartes manuelles imprimées d'un côté : Brésil, le cent.	40	»
Cartes manuelles imprimées d'un côté : France, Europe, Amérique, le cent.	25	»
Cartes manuelles imprimées d'un côté : Portugal, le cent. . .	32	»
Cartes murales sur papier : France physique, en feuilles	6	»
Cartes murales sur papier : France politique, en feuilles.	6	»
Cartes murales sur toile ardoisée : Angleterre	13	50
Cartes murales sur toile ardoisée : Espagne	20	»
Cartes murales sur toile ardoisée : Europe	11	»
Cartes murales sur toile ardoisée : France physique.	21	»
Cartes murales sur toile ardoisée : France politique	21	»
Métrage en classe, de Georgin, la boîte.	3 ½	»
Porte-crayon, cuivre blanchi, breveté, le cent	6	»
Porte-crayon, cuivre nickelé, breveté, le cent.	8	»
Porte-crayon, fer bronzé, le cent.	3	»
Tableau à volets, deux panneaux bois, deux panneaux toile et ferrure, le tableau.	52	»
Tableau d'honneur de Cougny, en feuilles.	5	»

	fr.	c.
Tableau en bois, barré en fer, le mètre superficiel.	10	»
Tableau en carton, sans châssis, le mètre superficiel	8	»
Tableau en toile ardoisée imprimée, le mètre superficiel.	6	»
Tableau en toile ardoisée unie, le mètre superficiel	4	50
Taille-crayon-lime, le cent.	15	»

PILLET ET DUMOULIN
IN SUDORE VULTUS TUI
P&D
IMPRIMEURS
RUE DES GRANDS-AUGUSTINS 5

www.ingramcontent.com/pod-product-compliance
Ingram Content Group UK Ltd.
Pitfield, Milton Keynes, MK11 3LW, UK
UKHW020328230726
13925UKWH00002B/682

9 782014 072129